Joseph Anton Weißenbach

Der Mann zu seinen finstern Zeiten

Eine Rede auf den heiligen Abt Bernardus

Joseph Anton Weißenbach

Der Mann zu seinen finstern Zeiten
Eine Rede auf den heiligen Abt Bernardus

ISBN/EAN: 9783743607095

Hergestellt in Europa, USA, Kanada, Australien, Japan

Cover: Foto ©Lupo / pixelio.de

Weitere Bücher finden Sie auf **www.hansebooks.com**

Der Mann
zu seinen finstern Zeiten,
wie man itzt einen
bey unsern aufgeklärten brauchete.
Eine Rede
auf den heiligen Abbt
Bernardus.
Von
Joseph Anton Weissenbach,
der Gottesgelehrtheit Doctor, Chorherrn zu
Zurzach, und Lehrer der heiligen Schrift
zu Luzern.

Mit Genehmhaltung der Obern.

Presburg,
verlegt von den Gebrüdern Doll. 1782.

Quæ enim scelera non arguit? quæ odia non extinxit? quæ scandala non compescuit? quæ schismata non resarcivit? quas hæreses non confutavit? Quid vero sanctum, quid pudicum, quid amabile, quid bonæ famæ, quid virtutis, aut laudabilis disciplinæ suis ortum in qualibet regione diebus non roboravit ejus auctoritas, non fovit charitas, diligentia non promovit? GAUFRIDUS *Libro III. vitæ S. Bernardi cap. 4. olim 7.*

Vorbericht.

Ich habe zur Besserung unsrer Zeiten schon einen andern Bernard geliefert. * Ich bin nun auch darum auf den zweyten verfallen, weil die vielen Zucht-und Glaubensrichter, die itzt ohne Aufhören an unsrer Religion feilen, fast insgemein mit einigen Lectionen aus diesem Abbt aufgezogen kommen. Freylich hat er recht lebhafte Züge über derley Gegenstände: und ich selbst, der ich ihn zweymal gelesen, könnte zu der Absicht welche vorlegen, die noch auffallender als jene sind, die man so nur Stückweise von gewissen Federkauern zu borgen pflegt.

Da aber dieser besondere Mann (vielleicht wider seinen Willen) nur immer den Geistlichen soll predigen, kann wenigst zur Abwechslung dienen, wenn man auch höret, wie er andern die Wahrheit saget. Es haben alle einer Reformation nöthig: und die der Geistlichen allein wird wenig nützen, so lange uns die Weltlichen nicht bessere Rekrouten stellen. Denn blos mit dem, daß man sie itzt um einige Jahre läßt älter werden, ist der Sache nicht geholfen. Oder, mit gnädiger Erlaubniß! sind die Fehler der Geistlichkeit Produkte ihres Standes, der sie verdammt; oder der Mode, der Denkens-

art,

(*) Bernard von Corleone, oder die Rede von Charakter des itzigen Weltalter 8. 1779.

Vorbericht.

art, der Leidenschaften, und des Verderbnisses, so sie heute häufiger denn jemals aus der Welt mitbringen?

Nur dann ein wenig Unparteylichkeit; und es soll sich bald zeigen, daß der Geist Bernardi ein ganz anderer sey, als jener der Leute, die so oft seine Sprache reden.

Was die neuen Verordnungen seiner kaiserlichen Majestät betrifft, weis ich, wenn ich schon kein Unterthan bin, ihnen mit aller der Rücksicht zu begegnen, die ich den Eigenschaften dieses recht großen Monarchen schuldig bin. Die Kirche, und der bin ich noch mehr schuldig, will es selbst nicht anders haben. Ich zweifle auch nicht, es sey alles zur Wiedervereinigung der Protestanten angesehen. Diese aber ist ein zu großes Gut, dem ich nicht nur mit Sehnsucht, sondern mit Schmerzen entgegen sehe: und dem man noch mehr, als man glaubt, ich hätte bald gesagt, nie zu viel kann aufopfern. Nur muß der Muthwillen so vieler ungebethenen Rathgeber, und mehr denn nur politischen Kannengießer gezüchtiget werden; denen es nicht um das zu thun: und die diese ganze Revolution als eine Gelegenheit betrachten, die Kirch vor ihren Richterstuhl zu laden, gewisse Schooßlehren gelten zu machen, und ihren persönlichen, oder auch häuslichen Umständen eine bessere Wendung zu geben.

In vita sua suffulsit domum, & in diebus suis corroboravit templum. Er hat bey Leben das Haus des Herrn unterstützet, und in seinen Tagen den Tempel fest gemachet. Buch Ecclesiasticus am 50. Kapitel 1. Verse.

Wenn die Kirche Jesu Christi jemals schlecht bestellet gewesen, so war es zu den Zeiten, in welchen die Vorsehung den heiligen Abbt Bernardus hat lassen gebohren werden. Es waren recht verwirrte, recht boshafte, und wie sie eigentlich genennet werden, recht eiserne Zeiten. Richard von Sanct Victor, der eben in denselben lebete, und ein innerster Freund unsers Heiligen war, als er einst den damaligen Zustand der Christenheit zu Herzen nahm, rief voll Entrüstung auf: Ach in welche Neige, oder vielmehr Hefen der Jahrhunderte sind die Menschen hineingerathen! *Heu in quos fines, imo quas fæces sæculorum homines devenerunt!* * Noch schrecklicher sind die Züge,

---

* *Libro de Gradibus Charitatis cap. 4.*

mit welchen sie Bernards selbst an vielen Orten seiner Schriften entworfen hat. * Und gewiß die beständigen Mißhelligkeiten, die groben Irrthümmer, und die vielen Laster hatten ein allgemeines Verderbniß angerichtet. Es fehlete allenthalben; wenige wollten, noch wenigere konnten einem Uebel mehr abhelfen, das tiefe Wurzeln geschlagen, und sich überall verbreitet hatte. Nun bey diesem Weltalter, wo auch die Säulen darniederlagen, und die Kirche in vielen Ländern wirklich zu sinken begann, hat der heilige Bernardus alles wieder hergestellet: und wir müssen von ihm nach einer viel höhern Bedeutung sagen, was die Schrift von dem Simon, dem Sohne des Onias, gesprochen hat: In vita sua suffulsit domum: Er hat bey Leben das Haus des Herrn unterstützet: & in diebus suis corroboravit templum: und in seinen Tagen den Tempel fest gemachet.

Fürwahr ich weis kein größeres Lob für einen Heiligen, als wenn man mit Grund behaupten kann, es sey eine Zeit gewesen, wo die Kirche gleichsam von ihm abhieng, und ihm alles zu verdanken hatte. Es soll auch den einzigen Stoff zu meiner Lobrede abgeben.

Vor

---

* Zum Beyspiel Sermone 33. in Cantica. Sermone VI. in Psalmum 90. Qui habitat.

Vortrag und Eintheilung.

Ich sage dann: Der heilige Abbt Bernardus ein Mann zu seinen finstern Zeiten, wie wir itzt einen bey unsern aufgeklärten Zeiten vonnöthen hätten. Wir leben in Jahren, wo unter den Christen weder Einigkeit, noch Wahrheit, noch Heiligkeit mehr anzutreffen ist. Keine Einigkeit wegen den innern Unruhen, und Erbitterungen, die durch die äussere Duldung nur noch mehr unterhalten werden: keine Wahrheit wegen dem freyen Denken, und den ebenteurlichen Meynungen: keine Heiligkeit wegen dem weichen, üppigen, und ausgelassenen Lebenswandel. In einer gleichen Verfassung waren die Zeiten, welche Bernardus zu verbessern, und so zu reden umzuschmelzen hatte. Die Kirche war damals eben mit Zwistigkeiten, Irrthümmern, und Lastern fast angefüllet: und er hat ihr die Einigkeit sowohl, als die Wahrheit, und die Heiligkeit wieder gegeben. Die Einigkeit, die ihr die damaligen Spaltungen genommen hatten, das ist der erste Theil: die Wahrheit, die ihr die damaligen Ketzereyen genommen hatten, das ist der zweyte Theil: die Heiligkeit, die ihr das damalige lüderliche Leben genommen hatte, das ist der dritte Theil. Ihr sehet, das sind wesentliche Stücke, die alle Aufmerksamkeit verdienen, und am besten im Stand sind, euch von den eb-

A 4 gente

gentlichen Verdiensten dieses Mannes einen würdigen Begriff beyzubringen. Ich schreite zur Sache, und fange an mit der Anrufung der heiligsten Namen, welche Bernardus immer in dem Mund, in der Feder, und in dem Herzen hatte.

Erster Theil.

Der heilige Abbt Bernardus hat der Kirche die Einigkeit wieder gegeben, die ihr die damaligen Spaltungen genommen hatten.

Nichts ist für den Körper der Kirche so betrübt, wie die innerliche Spaltung, die das Haupt von den Gliedern trennet, und weit mehr Uebels stiftet, als alle äusserliche Kriege, in denen die Heiden, oder Ketzer Feuer, und Schwert wider die Gläubigen aufgehoben haben. Der heilige Bernardus arbeitete wirklich an der Stiftung seines Ordens, als eine Spaltung entstund, welche acht Jahre gedauert, viel Blut gekostet, und die größten Königreiche theils verwickelt, theils verwüstet hat. Es sassen auf dem Stuhl Petri zween Päbste, deren einer durch die gerechte Sache, der andere durch die Macht seiner Anhänger sich darauf befestigen wollte. Die Fahne der Empörung war dann mitten in dem Heiligthume aufgestecket: und alles, was darinn vorbey gieng, wurde nur nach den Leidenschaften, und

und dem Eigennutzen abgewogen. Man richtete Altäre wider Altäre auf: Man stritt mit Mund, und mit Feder, mit List, und mit Gewalt. Die Rechte und die Gewissen wurden gestöret, die Kirchengüter erschöpfet: und, da beyde Partheyen einander in den Bann thaten, sahen die Tempel mehr einer Mördergrube, als dem Haus des Herrn gleich. In diesem recht schrecklichen Chaos, in dieser äusersten Verwirrung geht Bernardus aus seiner Wildniß hervor, und entbrinnt wie ein anderer Elias in der großen Spaltung Israels, da die Zünfte zwischen dem Baal, und dem Gott Sabaoth getheilet waren. Er rufet das Volk zusammen: er zeiget ihm, daß die Christen dem Heiland in der Spaltung viel ärger begegnen, als ihm die Juden bey dem Leiden begegnet wären; weil diese nur seinen natürlichen Leib so mißhandelt hätten, da jene die Kirche, seinen sittlichen Leib, der ihm viel lieber sey, und wegen dem er jenen zum Kreuz dargegeben, auf die allergrausamste Art zerrissen. Nach diesem dringt er bey allen, die gut gesinnet waren, darauf, daß sie sich an ihn anschlössen: er fängt an den umgestürzten Opfertisch wieder aufzurichten: er bringt es dahin, daß zu Estampes ein Kirchenrath versammelt wurde, und alle Bischöffe thun ihm den Auftrag, die Sache selbst zu entscheiden. Ja meine Brüder! auf dieses Orakel kam lediglich alles an. Ein Ordensmann, wie sich

A 5 ein

ein trefflicher Schriftsteller ausdrücket, machte mit seiner Stimme ein ganzes Conclave aus: er stellete in einer einzigen Person die gesammte Kirche vor: er wurde der Dollmetsch des heiligen Geistes, und verkündigte allen Gläubigen, wer der sey, den der Herr gesalbet habe. Auf diesen Ausspruch ward auch wirklich Innocenz der zweyte von dem Könige, und zween Drittheilen Frankreichs als ihr Kirchenhaupt ausgerufen.

Allein die Aussichten des heiligen Abbts giengen weit über sein Vaterland hinaus. Er wollte alle ohne Ausnahm in eben demselben Schafstall haben: und dieses zu erhalten achtet er weder Sorgen, noch Mühewaltungen, noch Gefahren, noch Hindernisse. Er stellet die weitesten Reisen an, er kömmt in Deutschland, in Sicilien, und zum drittenmal nach Rom. Er mahnet, er bittet, er drohet: er schreibt, er prediget, er würket Wunder. Und sehet! Heinrich den zweyten, König in England, führet er bey der Hand bis nach Chartres dem Statthalter Christi zu. Den Kaiser Lothar vermag er ebenfalls, demselben entgegen zu gehen. Die wälschen Fürsten und Städte erschüttert er so mit seiner Stimme, daß ihnen alle Waffen, welche sie wider Innocenzen ergriffen hatten, aus den Händen fielen.

Nach so herrlichen Siegen entschließt er sich zur Unternehmung, einen Fürsten, dessen Macht so groß, als wild das Naturel, und gottlos

das

das Leben war, auf andere Gedanken zu bringen. Es war Wilhelm, Herzog von Aquitanien, und Graf von Poitiers, den uns die Geschichtschreiber selber Zeiten als einen Wagehals, einen Nemrod, einen Riesen aus dem Stammen Enachim vorstellen. Und gewiß er war ein Mann von einer fürchterlichen Leibesgröße, von einem unmenschlichen Fraß, von einer viehischen Unzucht, und einer fast unversöhnlichen Wuth. Er hatte, wie Herodes, seines Bruders Frau genommen: und wenn ein Johannes darein geredet hätte, würde es ihm auch da nicht weniger denn den Kopf gekostet haben. Nur dieser schützete die Spaltung mit allen Kräften: er verfolgte die Vereinigten: er vertrieb ihre Bischöffe, und machete alles zittern. Bernardus allein erschrack nicht ab dem Ungeheuer. Er suchete ihn in seinen eigenen Landen auf: er schoß bey der Kirchenthüre zu Parthenay den Bannstral auf ihn ab: er verwehrte ihm den Zugang zu dem Meßopfer: und, als es vollendet war, gieng er noch im Priestergewand, und mit dem Leib Jesu Christi in der Hand vor allem Volk auf ihn zu, und befahl ihm in dem Namen des gegenwärtigen Gottes, er solle einmal aufhören seine Kirche zu kränken. So viele Worte, so viele Donnerstreiche! die dieses fleischerne Thier der Länge nach zu Boden warfen. Er überläßt sich also dem Heiligen, er thut auf

der

der Stelle Buß, und wird aus einem Wolf ein Lamm. *

Nun stund Rotger, der König in Sicilien, der Einigkeit noch im Wege. Der kriegerische Prinz, der ohnehin in diesem Handel die allerabscheulichsten Grausamkeiten verübet hatte,

---

* Man will jetzt zuverläßig wissen, daß dieser Herzog Wilhelm von Aquitanien, und Graf von Poitiers, dieses Namens der IX. nicht der heilige Büßer, und Einsiedler Wilhelm, sein Vorfahrer, und gleichen Namens der VIII. war. Aus dieser gemeinen Irrung soll geschehen seyn, daß beyder ihre Lebensgeschichte durch einander gemenget, und ganz verwirret worden. Das aber hat hier wenig zu sagen. Denn, wenn auch in einigen Umständen ein Unterschied war, sind sie dennoch sowohl an Gemüthsart, und Leibsbestellung, als auch an Lastern, und Aergernissen einander ziemlich gleich gewesen. Wilhelm der IX. wenn er auch nicht so weit gegangen wie der VIII. bleibt allemal ein Wildfang, ein Ehebrecher, ein stolzer, rachgieriger Mann, ein Prinz, der immer an der Spitze eines Heeres stund, und gewohnet war Maasregeln vorzuschreiben, nicht anzunehmen. Man mag hierüber den Theophilus Raynaudus Tomo IX in dem Lobe des seligen Robertus von Arbrissello, num. 14, & 23. und dem gleich darauf folgenden unsers heiligen Bernhard, das er *Apim gallicam* nennet, num. 74. die *Acta S. S. Bollandiana* auf den X. Hornung, wie auch die neuern Geschichtschreiber von Frankreich nachlesen.

hatte, war eben im Begriff mit seinen so fürchterlichen als zahlreichen Truppen zum Schutz des
Afterpabsts eine Schlacht zu liefern. Bernardus
dringt durch Spieße, und Schwerter, bis
er ihn an der Spitze seines Heers antrifft.
Es dauerte mehrere Tage, daß Bernardus
beyde Parteyen, welche schon in Schlachtorde-
nung stunden, durch sein Zureden noch immer
zurückehielt. Weil aber Roger, welcher den
Kaiserlichen weit überlegen war, den Sieg in
Händen zu haben vermeynte, zuletzt ausrücken,
und das Zeichen zum Streit ließ geben,
verdeutet ihm der Heilige unerschrocken eine
der größten Niederlagen, die auch von allen
für eine Wirkung seines Gebethes angesehen
worden. Der Abbt hatte sich kaum wegbe-
geben, als schon alles in Unordnung gerathen,
und ihn die Flüchtigen, die dem Blutbade ent-
ronnen waren, noch eingeholt haben. So mußte auch dieser sich das aus Noth gefallen lassen,
zu dem er sich aus freyem Willen niemals be-
quemen wollte.

Kurz, an was alle andere verzweifelten,
was weder die frommen Ordensleute mit ihrem
Beyspiele, noch die Prediger mit ihren Ermahnungen, noch die Lehrer mit ihren Schriften,
noch die Bischöffe, und Prälaten mit ihrem Ansehn, noch selbst der Kaiser, und die Könige mit ihrer Macht zu Stand gebracht, das
hat Bernardus allein ausgerichtet. Er hat das
Feuer des Hasses gedämpfet, das Christenblut,

ge-

gesparet, und den ergrimmten Völkern, da sie eben auf einander losgiengen, die Waffen aus den Händen gewunden. Wo er hinkam, folgte ihm die Einigkeit nach. Sein Eifer, und seine Klugheit versammelten die zerstreute Heerde: der Hirt ward erkannt, der Miedling verworfen, die Braut ihrem Bräutigame zurückgestellet, und die Zwietracht aus dem ganzen Erdboden verbannet.

Da sich aber der Heilige bey der allgemeinen Spaltung so bezeiget hatte, ließ er sich nicht minder für die Einigkeit auch in besondern Zwistigkeiten kosten. Ich übergehe die Händel zwischen Privatpersonen, oder einzeln Familien, die sich da, und dort zerstossen hatten; und rede allein von den öffentlichen Zwistigkeiten. Weil das Faustrecht, und die Barbarey überall eingerissen hatte, lag einander alles in Haaren, es war des Raufens, und des Würgens kein End. Wo dann weder der erlittene, und zugefügte Schaden, noch die Verträge, Unterhandlungen, und getroffene Heurathen mehr halfen, wo manche, sonst recht mächtige Parten, nächst an dem Untergang war, kam dieser Engel des Friedens noch entzwischen. Seine Erbärmniß, daß allemal das Volk die Streitigkeiten seiner Herren büssen müsse, und daß zu der Verwüstung der Länder der Verlurst unzähliger Seelen hinzukomme, gab ihm die Fertigkeit alle zu besänftigen. Er hat ausgesöhnet den Kaiser Lothar mit den Herzogen in Schwaben: eben diesen Kai-

Kaiser mit dem Papst, Ludwig den sechsten, König in Frankreich, mit dem Bischoff zu Paris: den König Ludwig den siebenbenten zu zweyenmalen mit dem Grafen von Champagne, und ein anderesmal mit dem Pabst: die Mayländer, mit dem Kaiser, und mit einander selbsten: die Genueser mit den Pisanern: Den Grafen von Four mit den Grafen von Vienne: den Erzbischof von Rheims mit seinem Volke: den Bischof von Longers mit der Clerisey, und dem Volke: die Stadt Metz mit den benachbarten Fürsten und Edelleuten. Ueberall hat er die Ruhe hergestellet, und die Christenheit, da sie eben ein lauteres Babel war, zu einem Salem, oder Orte des Friedens gemachet. Darum ist auf dem Grabstein, unter den er ein Jahr nach seinem Hintritt geleget worden, dieses zum ewigen Andenken eingeschnitten worden, daß er vorzüglich die Gabe besessen, alle Entzweyten zu vereinigen, und daß hier jener ruhe, welcher alle andern ruhen gemachet. Ein unschätzbares Lob bey jenen, welche wissen, was der Friede, und was die Zwietracht ist! ein Titel, der in meinen Augen mehr saget, als alle Siegeszeichen, und alle Denkmäler der Feldherren, welche mit dem Schrecken ihrer Waffen die Welt erschüttert, oder wohl gar übergewältiget haben! Und warum haben wir nicht heute einen gleichen Apostel des Friedens? Es ist wahr, wir sehen

kei=

keine offenbare Spaltung; allein, sobald die Kirch, anstatt Befehle zu geben, nicht Befehle annimmt, drohet man mit einer. Oder wem sind wohl jene Mishelligkeiten nicht bekannt, welche die geistliche, und weltliche Macht fast überall, und schon so lange Zeit entzweyet haben? Wenn diese heftige Gährung heut zu Tage, je mehr sie zunimmt, desto weniger Aufsehen machet, ist es nur desto schlimmer. Es zeiget augenscheinlich, daß man die Größe des Uebels schon gewohnet hat, und bey allen seinen Folgen vielmehr erhärtet, als gerühret wird. Aber auch die Diener des Friedens eifern ohne Unterlaß gegen einander: das Heiligthum wird durch die niederträchtigsten Erbitterungen entweihet: die Tugend und die Kirchenzucht müssen der Vorwand des Hasses abgeben: und die gewöhnlichsten Waffen, die man für die Religion ergreift, werden von ihren Vertheidigern allemal gegen einander gekehret. Zudem giebt es von Tag zu Tag mehrere, welche, um den Feinden der Kirche Luft zu machen, und sie zu bedecken, immer und überall Frieden! Frieden! rufen. Pax! Pax! Allein es ist kein Frieden: & non erat Pax*. Das ist ein verdammlicher Frieden, spricht der heilige Gregor von Nazianz, der ärger als die Zwietracht selbsten ist. Es ist ein

Frie-

---

* *Jeremiä cap. VI. vers.* 14.

Frieden, der alle rechtschaffene Leute ganz niederschlägt, und der die Tugend mit der empfindlichsten, tödtlichsten Wunde getroffen hat. Es ist ein Frieden, dem man ungeachtet aller Verbothen, einen neuen, recht blutigen, unversöhnlichen Krieg soll entgegen setzen, wo die Feinde in den innersten Verschanzungen angegriffen, und aus ihrem letzten Hinterhalte heraus getrieben wurden. Denn, weil dieser Frieden dauret, greift Niemand zu den Waffen: und, da die Hunde nicht bellen, laufen alle Wölfe auf die Heerde zu. Man will unter dem Namen der Duldung eine allgemeine Freyheit einführen, die alle Gattungen der Irrthümer, welche immer von erhitzten Köpfen erzeuget worden, nicht nur ungestraft, sondern auch ungescheuet ausstreuen möge. Und da diese Leute über eben den Punkt so sanfte, so gelinde Ausdrücke brauchen, sind sie selbst gegen jene, welche nicht ihres Sinnes sind, die unduldsamsten, ungestümsten, unerträglichsten Menschen von der Welt. Das zeiget aber, wie viel wir noch in Zukunft auf die Einigkeit zählen dürfen, sobald dergley Friedensstifter die Oberhand gewonnen: und als die stärkere Partey, die Schutzwehre der Duldung nicht mehr nöthig haben.

Nun ein einziger Mann wie Bernardus war, wäre schon genug, den dicken Nebel, und alle die Vorurtheile, in denen wir herumirren, auseinander zu treiben. Der konnr uns zeigen, was das für Leute sind, die eben da, wo sie immer die Menschenliebe im Mund führen, nichts denn Mistrauen, Eifersucht, Zwietracht, und Verwirrung stiften. Seine Weisheit, seine Liebe, sein Muth, und Eifer wurden zu Stand bringen, daß man Freund und Feind unterscheiden lernte: von keinem Schein sich mehr blinden liesse, keinen Vorschlägen der falschen Brüder Gehör gebe, und auch itzt nicht duldete, was noch niemals ist geduldet worden. Bernardus wurde alles Zutrauen erwerben, die Verräther aufsuchen, ihre Absichten entdecken, ihre Anstalten zernichten, die Parthey des Glaubens verstärken, an die Spitze des Heeres Israel stehen, den Stolz der Kinder Esau, und Amalek dämpfen, und also durch lauter Siege den wahren, dauerhaften Frieden herstellen, den Frieden des Herrn, die Einigkeit des Glaubens, die Liebe der Christen, die weder um Zwang, noch feige Nachsicht weiß, und alle Glieder Jesu Christi, die sie itzt in einer Kirche versammelt hat, auch dort für die ganze Ewigkeit in dem Himmel vereinigen wird.

Aber genug von diesem. Wir wollen von der Einigkeit der Kirche zu der Wahrheit der Kirche übergehen.

Zweyter Theil
Der heilige Bernardus hat der Kirche die Wahrheit wieder gegeben, die ihr die damaligen Ketzereyen genommen hatten.

Die Zeiten Bernardi waren an Ketzern eine der fruchtbarsten: und hatten nicht nur vielfältige, sondern auch scheusliche Irrthümmer ausgehecket. Ganze Völker, und besonders Frankreich, wo sie den Ursprung nahmen, wären gewiß um den Glauben gekommen, wenn sich nicht unser Lehrer in das Mittel geleget hätte, und der gedrückten Wahrheit noch zur Zeit zu Hülf geeilet wäre. Ich will euch diese Leute, die zum Theil Gelehrte, zum Theil auch recht verschmitzte Köpfe waren, doch wenigst obenhin zu kennen geben.

Die ersten waren Peter von Bruis der verwegenste Mann, und Heinrich, ein an der Kirche, und seinem Orden meineidiger Mönch. Diese sammelten die schlimmsten Sätze. Sie verwarfen das alte Testament, die Kindertaufe, das Meßopfer, die Gegenwart Christi in dem Altarsgeheimniß, die Priesterweyhe, das Gebeth für die Abgestorbenen. Sie zerbrachen das Kreuz, stürmeten die Bilder, rissen die Tempel ein, und, um der Geistlichkeit recht wehe zu thun, sagten sie, daß das mündliche Gebeth, und Kirchengesang weiter nichts denn eine Verspottung Gottes sey. Es

ist

ist nicht zu sagen, wie sehr diese Schwärmer einige Landschaften verwüstet haben. Die Briefe des Heiligen zeugen davon, in denen man das Unwesen, das sie anrichteten ohn innersten Schauer kaum wird lesen können. *

Bald darauf kam Peter Abailard, ein Professor von Paris, der in den Sitten, und in den Lehren minder verderbet war, denn die vorigen; doch alle die Gaben besaß, mit dennen man die Geister verführet, und der Lüge den Schimmer der Wahrheit giebt. Dieser stolze Philosoph, den die Wissenschaft ganz aufgeblasen hatte, gerieth sogar auf den Einfall, das Evangelium mit der Weltheisheit zu paaren, und den Glauben auf die Stützen der Vernunft zu gründen. Obschon er aber auf die Weise in der Materie von der Gottheit sich dem Arius, in der Materie von der Menschwerdung dem Nestorius, in der Materie von der Gnade dem Pelagius näherte, bekam er dennoch einen solchen Anhang, und Zulauf von Schülern, daß man ihn für einen neuen Plato ansah, und er alle Gelehrten,

---

* Sehet *Epistolam* 241. *ad Hildephonsum, Comitem S. Ægidii.* Bossuet von den Abänderungen der protestantischen Kirchen behauptet mit Grund, daß sowohl diese, als viele andere selber Zeiten in der Sache selbsten lauter neue Manichäer gewesen.

ten, die es mit ihm aufnehmen wollten, öffentlich heraus forderte. *

Auf den Lehrmeister folgete sein Jünger, Arnold von Brescia, welcher um einen gewissern Beyfall zu erhalten, das angenehmste Liedchen sang. Denn er sprach alle Kirchengüter ohne weiters den Weltlichen zu, und schrie die Geistlichen, welche Einkünfte hatten, als lauter Räuber, und widerrechliche Besitzer aus. **

Um eben die Zeit fiengen auch die sogenannten Apostolischen an zu schleichen, eine verdammliche Secte, die unter dem Scheine der Tugend die Ehe verwarf; in Geheim aber ein schändliches Leben führete, und allerhand Greuel der

---

* Es beschweren sich große Leute, daß man aus den wieder gefundenen Schriften dieses gefährlichen Autors seine Unschuld gegen den heiligen Bernard hat vertheidigen wollen. Sehet nur Theophilum Raynandum in *Api Gallica* §. 45. Joannem Mabillon *Præfatione generali in opera* S. *Bernardi a num.* 53. *Et in Admonitione prævia Epistolæ* 190. *nunc opusculi* IX *ad Innocentium Pontificem de erroribus quibusdam* Petri Abailardi: *Acta Sanctorum ad diem* XX. *Augusti a num.* 315. Die sind genug eine solche Vermessenheit zu Schanden zu machen.

** Man lese unsers heiligen *Epistolas* 195, & 196 Noch besser lernet man ihn kennen aus Ottone Frisingensi *Libro* II. *de gestis Friderici* I. *cap.* 21.

der ältesten Ketzer erneuerte. Sie kamen, was die Lehre betraf, mit den Petrobrusianern in manchen Stücken überein; doch in diesem waren sie weit unterschieden, daß sie ihre Rolle nur in Dörfern spieleten, und durch die Verschwiegenheit, gleichwie viel sicherer schadeten, also auch viel härter zu bekehren waren.*

Zu denen kamen noch andere verschiedene Gattungen der Ketzer, die aber keinen eigenen Namen geführet, und zum Theile noch ein Ueberrest des gottlosen Tanchelins mögen gewesen seyn. Ja wir lesen, daß der Heilige sogar unter denen von Toilus eine nicht gemeine Anzahl förmlicher Arianer angetroffen habe. **

Aber Niemand war mehr zu besorgen, als der berühmte Gilbert von Porreta. Dieser Prälat, der in den Schulen, und in der Kirche sich Ruhm, und Zutrauen erworben, und darum zu einem der vornehmsten Bischthümer gelanget war, hatte in der kitzlichsten Materie seine Spitzfindigkeit so weit getrieben, daß er die von den Vätern gesetzten Schranken überschritten, und die Geheimnisse Gottes mehr nach seinen eigenen Erfindungen, als nach der

---

* Man lese *Sermones* S. Bernardi 65, & 66. *in cantica* & Joannem Mabillon *Præfatione generali in opera* S. Bernardi §. 6.

** *Parte* 3. *Libri VI. Vitæ*, qui est *de miraculis* S. Bernardi *num.* 4.

der Uebergabe, und Einfalt des Glaubens wollte erkläret wissen. Da er nun seine Lehre noch weit mehr mit dem Ansehn, und dem Verdienste, als mit der Einsicht, und dem Anhange der Grossen unterstützete, war ihm fast unmöglich beyzukommen. Man mußte Lermen machen; man mußte sich Gegner und Verläumder zuziehen, man mußte alles auf das äusserste ankommen lassen. Es ward für Ehrgeiz, für Zanksucht, für Aergerniß gehalten, einem solchen Mann nicht schonen wollen: und viele gaben sich alle Mühe, seine Würde zu retten, den Ausspruch hinaus zu ziehen, und sogar den darüber gesammelten Kirchenrath zu zertrennen.

Ihr kennet itzt jene, mit denen Bernardus anbinden mußte. Und gewiß, ich hätte den ganzen Tag zu reden, wenn ich zeigen wollte, welch einen standhaften, unermüdeten siegreichen Lehrer er sich gegen sie bezeiget habe. Was das seltsamste ist, sehen wir ihn allemal mit ungleichen Waffen streiten, und dennoch das Feld erhälten. Da die Feinde Uebung, List, und Maul genug hätten: da mehrere aus ihnen bey den Wissenschaften auferzogen, zu dem Grübeln, und Wortwechseln gewöhnet, auf alle Einwürfe gefasset, und was immer für Schwierigkeiten gewachsen waren, konnte Bernardus, der sein Lebtag keinem Schulgefechte beygewohnet, und sich einzig auf die Wissenschaft des Geistes verleget hatte, der Kühnheit nichts als Mässigung, dem Witze der Menschen

ſchen nichts als evangeliſche Einfalt, der Neugier nichts als Erblehren entgegen ſetzen. Und dennoch war er ihnen zuletzt im Reden, und im Schreiben weit überlegen. Eine erſtaunliche Sache! bey der wir eben das fragen müſſen, was die Juden, die ſie den Heiland lehren höreten, was er nirgens gelernet hatte. Quomodo hic literas ſcit, cum non didicerit? Wie verſteht der die Wiſſenſchaften, da er nicht ſtudiret hat?* Mir kömmt dieß zu Sinn, ſo oft ich ſeine Streitſchriften in die Hand nehme. Woher, gedenke ich, eine ſo weitläuftige Gelehrtheit, eine ſo ſeltſame Einſicht, eine ſo treffliche Schreibart, eine ſo eindringende Beredſamkeit? Dieſe Abhandlungen, dieſe Reden, dieſe Briefe ſolle der geſchrieben haben, der aus der Welt nichts denn ein wenig Latein in das Kloſter gebracht: der keinen Tag auf einer öffentlichen Schule geweſen, der keine Theologie, kein Kirchenrecht, keine Hiſtorie, keine Vernunft-Sitten- und Naturlehr getrieben? Einmal die Beſchreiber ſeines Lebens, die ſo vielen Umgang mit ihm hatten, und deren Fleiſſe nicht das geringſte entgangen iſt,** melden kein Wort von den Studien, von den Schulen, und den Lehrmeiſtern des Heiligen. Oder glauben wir, er ha-

---

* Joannis cap VII. verſ. 15.
** Es bemerken alle Kunſtrichter, daß kaum ein ein anderer Heiliger ſo genaue, zierlicher und getreue Schriftſteller zu Beſchreiben ſeines Lebens bekommen habe, als der heil. Bernardus.

habe die Beyhilff, die er anfangs nicht gefunden, erst hernach aufgesuchet: und, da er aus Begierd nach der Vollkommenheit die Wissenschaften noch als weltlich fahren ließ, sich etwa in dem Noviziate auf dieselben verleget? In dem Noviziate sage ich; denn er hatte selbes kaum vollendet, so wurde er Abbt von Clairvaux, und mußte sich ganz für die Errichtung eines neuen Klosters, oder besser zu reden, eines neuen Ordens verwenden. Die fünfzehn Jahre seiner Krankheit, wo er so gar alle Anleitung seiner Geistlichen mußte aufgeben, waren auch nicht diejenigen, in denen er sich viel Gelehrsamkeit hätte anschaffen können. Wir müssen also entweder zugeben, Bernardus sey der sonderbarste Kopf gewesen, der sich von selbst über alle Schwierigkeiten der Schulen hinweg gemachet: der, was er immer gelesen, und gehöret hat, im Augenblicke durchdrungen, und behalten, ja der unter lauter Hindernissen weiter, denn andere bey bestem Unterrichte, und beständigem Studiren gekommen: oder wir müssen bekennen, er habe seine Wissenschaft von dem Himmel empfangen; der an ihm das Wunder der Apostel erneuern, und, wo es die Kirche am nöthigsten hatte, ihr einen Vater geben wollte, der den Jahren nach der letzte, der Lehre aber, und den übrigen Eigenschaften nach einer der ersten wäre. Der Heilige gab das selbst zu verstehen, da er im Scherze zu sagen pflog: seine Bibliotheck sey der Wald, und seine Lehrmeister seyn die Aichen, und

B 5   Früch-

Fruchtenblume. Denn weil er dort ganße Tage dem Gebethe oblag, kann das nichts anderst heissen, als was Christus auf die oben gemeldete Verwunderung der Juden geantwortet hat: Meine Wissenschaft ist nicht meine, sondern dessen, der mich gesendet hat. Mea doctrina non est mea; sed ejus qui misit me. * Einmal von der göttlichen Schrift hat er aufrichtig bekennet, sie sey ihm einst beym Gebethe ganz ausgeleget erschienen: und so viele Ehrfurcht er auch für ihre Ausleger hätte, verstehe er sie allemal viel geschwinder, wenn er sie allein, und ohne Auslegung lese. **

Nun

---

* Joannis cap. eod. vers. 16.

** Selbst diejenigen, welche itzt behaupten, daß Bernardus studiret habe, kommen dennoch in diesem überein, daß es nur obenhin geschehen, und bey weitem nicht hinreichend gewesen sey, einen auch nur gemeinen, ich will nicht sagen, den so trefflichen, den so ausserordentlichen Lehrer zu gestalten, der aus allen seinen Schriften hervorblicket. Theophilus Raynaudus in dem oben angezogenen Werke, als er davon zu Rede wird, saget also: Has ego (Scriptiones) sive argumentum, sive scribendi formam spectes, undecunque perfectas, & numeris omnibus absolutas præsto. Argumentum ubivis est eximium. Tractant de Deo, & divinis perfectionibus, de Deo corporato, de fidei Sacramentis, de divina gratia, de cultu

Nun mit dieser Wissenschaften von oben herab
hat Bernardus alle Irrlehrer zu Ruhe gethan.
Un-

tu & amore virtutum, de vitiorum odio,
& detestatione, de vita sancte, & Christiano digne per Pontifices, Clericos, Monachos, milites, cujusvis gradus & ordinis homines componenda. Eam vero ingenii vim, & doctrinæ profunditatem, ac dexteritatem in explicandis rebus abditissimis prodit ubivis Bernardus, etiam in argumentis spinosissimis, & intricatissimis, ut non in eo scholastici minutiloquii subtilitatem, non soliditatem probatissimorum quorumvis Doctorum; re desideres. Quid inter universas Theologicas tractationes implexum magis, & abditum quam disputatio de Deo, & divinis perfectionibus, ac personalibus proprietatibus? Disseruit de eis adeo acute ac splendide Sanctus Bernardus, cum alibi, tum in gemmeo opere *de Consideratione ad Eugenium Papam* (Libro V.) ut nihil uspiam sit reperire in summa brevitate vel dilucidius, vel accuratius. Secundum Deum Gratia Dei, ejusque cum libertate creata fœderatio, periculosæ plenum opus aleæ omnibus Theologis habetur. Præter scabritiem scholasticam, quæ ab eo procul abest, vix quidquam de eo argumento in scholis docte, ac acute traditur, quod non attigerit, expressritque. Vixit sane ævo, viris eruditissimis abundante Sanctus Bernardus. Florebant quippe ea ætate Hugo, & Richardus Victorini, Hildebertus, Lanfrancus, Rupertus, S. Anselmus, Goffridus Vindocinensis,

Ar-

Ungeachtet ihres Widerstandes, und ihrer Kunstgriffe, ungeachtet seiner eigenen Beschwerden, und

---

Arnoldus bonæ Vallis, Philippus bonæ Spei, Guilielmus S. Theodorici, illustres eruditione Abbates: Algerus Monachus, Amedeus, Lausannensium Antistes, Petrus Cluniacensis: qui viri! quæ sapientiæ, & doctrinæ sacræ promtuaria! fuisse tamen apud omnes indubitatum, neminem eo sæculo fuisse Sancto Bernardo scientia superiorem refert Goffridus *Libro IV. in fine*. Joannes Mabilon *in præfatione generali citata*, §. 2. drücket sich also aus: Quarum (rerum Theologicarum) cognitio quam profunda, & sublimis in eo esset, docet imprimis *sermones* duo in *Cantica*, nempe 80, & 81. ubi de imagine Dei, quæ in Verbo, & in anima est, & de simplicitate Dei tam alte, & apte disserit, ut nemo melius ante, vel post eum. Idem etiam dicendum est de Christi pro nobis patientis satisfactione, quæ miro sane modo in *Epistola* 190 ad Innocentium explicatur. Ad hæc quid in Canonum scientia eximiis ejus de Consideratione Libris comparari potest? Hinc confirmatur istud Leonis magni effatum, *Verus recti amor in semetipso habet & Apostolicas auctoritates, & Canonicas sanctiones*. Man muß mir diese Ausschweifungen zu gute halten: weil ich mich an einem andern Orte, *Libro II. de Eloquentia Patrum Dissertatione ultima, de Eloquentia S. Bernardi cap. I.* über diese Materie hergemachet. Ich glaubete auch hinter das Geheimniß gekommen zu seyn, ob unser Heilis

und Mühewaltungen hat er obgesieget. Kein einziger ist seiner Bestrafung entgangen, alle mußten dem Feuer seines Eifers, der Tiefe seiner Einsicht, und dem Schwunge seiner Beredtsamkeit unterliegen. Brauchete es, ihr Klügeln förmlich mit dem Munde, oder der Feder zu widerlegen? Er hat sie widerleget. Brauchete es, ihrer Heuchelen, und abscheulichen Geheimnissen auf die Spur zu kommen? Er ist darauf gekommen. Brauchete es, ihren Muthwillen durch das blosse Ansehn abzuschrecken, und zurückzuhalten? Er hat ihn abgeschrecket, und

---

lige förmliche Studien gemachet, oder nicht. Ich erklärete mich für das erstere. Allein nachdem ich itzt seine besondere Lebensumstände besser innen habe, erfordert die Liebe zur Wahrheit, daß ich dißfalls einen öffentlichen Widerruf thue. Ich stützte mich dort sonderbar auf die Anführung der Väter, und neuern Lehrer, die ich in seinen Werken antraf. Allein dieß kann bey einem so grössen Geiste, wie unser Heilige war, bloß von der Aufmerksamkeit bey dem Lesen, besonders über Tisch, herrühren; wie uns der davon veranlaßte *Sermo de Verbis Origenis* genug zu verstehen giebt. Zu dem finden wir in Bernardo Stellen aus den klassischen Autoren; sogar jenen, welche Satyren geschrieben. Wer will aber daraus sogleich schliessen, daß der heilige Abbt mit derley Schriften, die damals noch ungedruckt, und hart zu bekommen waren, neben seinem Gebethe, und Geschäfften, sich abgegeben habe?

und zurückgehalten? Brauchete es, ihren Stolz so gar vor ganzen Kirchenräthen erstummen zu machen, und zur Widerrufung zu zwingen? Er hat ihn erstummen gemachet, und zur Widerrufung gezwungen. Brauchete es wegen ihrem Aergernisse ganze Landschaften zu säubern, und durch Wunder, oder Predigten zur wahren Lehre zurückezuführen? Er hat sie gesäubert, und zurückgeführet. Brauchete es endlich, über ihre Hartnäckigkeit gerichtliche Untersuchungen anzustellen, und ihnen öffentlich ihr Recht anzuthun? Auch dieses, was ihm selbst nicht zustund, hat er durch andere zuwegegebracht. In wenigen Jahren lagen die größten Ungeheuer zu seinen Füssen, und seine Hände waren voll der Palmen. Welche Verdienste für die Wahrheit der Kirche! Wir müssen ihren alten Lehrern die Ehre lassen, daß sie sich immer in den Waffen geübet, um die ganze Stärke ihrer erworbenen Wissenschaften zur Vertheidigung der Religion verwendet haben; ihrem jüngsten Lehrer gehöret das zum voraus, daß er ohne menschliche Hilf, oder natürliche Mittel nur mit dem Schleuder, und dem Stabe zu Feld gezogen. Jene wurden von Gott berufen, gebrauchet, und unterstützet, dieser unmittelbar gesandt, ausgerüstet, und angeführet. Jene mußten in einem langwierigen Kriege bald die Gränzen bewahren, bald Ausfälle thun, bald vor den Festungen liegen, bald Schlachten liefern; dieser ließ es

ins

insgeheim auf einen Zweykampf ankommen: er foderte die Anführer heraus, mit diesen selbst band er an, und machete der Sache auf einmal ein Ende. Jene sind der längst eingerissenen, und schon verbreiteten Ketzereyen entweder noch Meister geworden, oder haben ihnen sonst starken Einhalt gethan; dieser hat, so lange er gelebet, keine Ketzerey einreissen, oder verbreitet werden lassen: er hat alle, so bald sie nur den Kopf in die Höhe recketen, ersticket, und, so zu sagen, in ihrer Wiege verdrosselt.

Wer kann ohne heiligen Neid diesen Erfolg mit dem Fortgange unserer heutigen Bemühungen vergleichen? Ach! ein einziger Lehrer hat ein Jahrhundert von allen Irrthümern befreyt; und wir, alle Lehrer zusammen genommen, sind seit zwanzig Jahren kaum mehr im Stand, nur den Abtrünnigen Einhalt zu thun. O Wahrheit! o Glaube! wo seyd ihr bey diesen armseligen Zeiten hingekommen? Wir haben keine neue Ketzereyen; aber anstatt dieser läuft itzt alles auf die Verläugnung der Gottheit Jesu Christi, auf die Ruchlosigkeit, und den Unglauben hinaus. Die freyen Reden, und Meynungen sind gleichsam das Salz bey den Mahlzeiten, und die angenehmste Unterhaltung bey den Gesellschaften geworden. Die Welt ist von allen Gattungen unsinniger Schriften angefüllt, die im Angesicht der Obrigkeit gedrucket, verkaufet, und angepriesen werden. Die, so die göttlichen Dinge

noch

noch in Ehren halten, werden für Schwärmer, und Menschenfeinde gehalten. Man bezeuget sogar ein künstliches Mitleiden gegen sie, und will ihnen kaum mehr erlauben Witz zu haben. So wimmelt dann alles von Leuten, die noch stolz über das werden, was ihnen der Wahnsinn eingegeben hat. Man greift mit einem beissenden, entscheidenden Tone auch die unwiderleglichsten Grundsätze an. Man betrachtet die Offenbarung als eine Geburt der Politik, einen glücklichen Betrug, ein nöthiges Schreckbild, mit dem man den Pöbel zurücke hält. Man will über alles hinweg seyn, was man nicht fasset, und durchaus keinen andern Richter, denn seinen so verwägenen, als verführerischen Verstand anerkennen. Jedermann, wenn er auch sonst nichts wäre, will ein Weltweiser seyn: jedermann schmeichelt sich mit der schrecklichen Ehre, zum Umsturz des Glaubens etwas beyzutragen, und auf den Trümmern derselben das Reich der Vernunft errichten zu helfen. Auch das Frauenzimmer glaubet, es könne nur auf Unkosten der Religion zeigen, wie witzig es sey. Da es sich zwischen den häuslichen Sorgen, und den Uebungen der Andacht theilen sollte, will es nun entscheiden, was es nicht versteht; und bey allen, auch wichtigsten Gegenständen die Rolle eines Gelehrten, eines Gesetzgebers spielen.

Und

Und wollte Gott, daß dieses Betragen nicht allgemein wurde: daß nicht auch der Pöbel sich noch zu dieser Parten schlüge: daß nicht selbst unter denen, die von der Kirche leben, und ihr alles zu danken haben, mit ihren ärgsten Feinden einverstanden, und mitverschworen wären: daß nicht manche, die sich zur Vollkommenheit, und den Räthen des Evangeliums bekennen, mit ihrem Bußkleide derley verdammliche Anschläge verhülleten! Die Gedanken sind entsetzlich: und wer wäre froher, als ich, wenn sie nicht gegründet wären?

Nein, wenn kein Bernardus aufsteht, der mit Gottes Ansehn bekleidet vor das Angesicht der Könige tritt, im Mittel der Kirche den Mund eröffnet, die Weisen der Welt zu Schanden macht, und die Vernunft in ihre Gränzen zurückweiset, so ists mit uns gethan. Der angemaßte Witz, der Geist der Neuerung, und Unabhängigkeit, der Hochmuth im Verstand, und Willen werden immer weiter gehen, und die Kirche um all ihr Ansehn bringen: der Unglauben wird sich noch der Throne bemächtigen, und wir werden erstaunen, wie wir im Schooße des Christenthums in lauter Heiden verwandelt worden.

Nun vernehmet noch, was Bernardus auch für die Heiligkeit der Kirche unternommen, und ausgeführet hat.

C Drit

Dritter Theil.

Der heilige Bernardus hat der Kirche die Heiligkeit wieder gegeben, die ihr das damalige lüderliche Leben genommen hatte.

Wenn es zu den Zeiten unsers Heiligen an der Einigkeit, und an der Wahrheit so sehr gefehlet hat, ist der Schluß bald gemachet, nun wie viel mehr es an der Heiligkeit, und den dem Christenthume anständigen Sitten müsse gefehlet haben. Sie hangen von einander ab, und wenn es auch wo alles einig ist, und den rechten Glauben hat, dennoch viele Bosheiten, und die gröbsten Laster absetzet, wer wird im Gegentheil behaupten dörfen, daß ohne die Eintracht, und die wahre Lehre ein guter Lebenswandel, und eine christliche Aufführung bestehen möge?

Und gewiß, wenn man die Sitten des zwölften Jahrhundertes bey sich erweget, weiß man nimmer, welches Laster vor dem andern die Oberhaupt gehabt, und den Meister gespielet habe. Der Aberglauben, die Frechheit, das Schlemmen, die Unzucht, die Ausbrüche des Zornes, und die Gewaltthätigkeit stritten in die Wette. Die Klosterzucht lag danieder, die Klerisey ward im Grunde verderbet, der Gottesdienst wurde verabsäumet, die Opfer wurden verunreiniget, das Predigtamt hatte keinen
Nach-

Nachdruck, und die Sacramente waren ohne Gebrauch. Die Prälaten, und Bischöffe, die andere verbessern sollten, dieneten großentheils selbst zur Aergerniß, oder dachten auf alles, als auf das Heil der Unterg benen nicht. In diesen Umständen, wo fast keine Hoffnung an dem Aufkommen der Frömmigkeit mehr übrig war, hat Bernardus an dasselbe Hand angeleget, und den großen Grundriß zu der Kirchenverbesserung gemachet. Er wurde der allgemeine Sittenrichter, und der große Reformator, der sich von keiner Würde blenden, von keiner Macht schrecken, von keiner List hintergehen ließ. Er überstieg dann alle Hindernisse, er suchte das Unrecht selbst in den Palästen, und neben den Thronen auf. Er machete bald die Ueppigkeit, die Schwelgerey, und die Ungerechtigkeit zu Schanden: bald wagete er sich an die Klosterleute, und suchete sie zu ihrem ersten Eifer zurückzuführen: bald verfolgete er die Simonie und die übrigen Ausschweifungen der Weltgeistlichen: bald kam er über die Dispensationen, die Milderungen, die Ausnahmen, und alle die überbliebenen Vorzüge, deren man sich von Seiten des römischen Hofes angemasset hatte. Bald vertheidigte er im Gegentheile die wahren Rechte der Kirche, und stund gegen einem jeden Schritt, der wider die geistliche Gewalt war gewaget worden. Mit einem Worte, er ließ nicht nach, bis er die Mißbräuche abgeschaffet, die Aergernisse gehoben, die Laster vertrietrieben, und anstatt ihrer die Bußfertigkeit, die Gerechtigkeit, die Unschuld, und die Andacht eingeführet sah. Ganze Länder söhnet Bernardus mit dem Herrn aus: und die Menge der Sünder, die er bekehret, und geheiliget hat, ist nach dem Zeugnisse Alexanders des dritten * unendlich.

Er bediente sich dazu aller Mittel, seiner Naturgaben, seiner Predigten, seiner Schriften, seiner Wunder, seiner Beyspiele, und seines neuen Ordens.

Von seinen Naturgaben will ich nur dieses sagen, es habe sich kein Mensch so gewußt beliebt zu machen, wie Bernardus. Die Hand des Schöpfers hatte ihn so gestaltet, das die Ernsthaftigkeit allezeit mit der Annehmlichkeit gewürzet war, und die Demuth ihm nur noch mehr Ansehn machete. Er war bey den Menschen so voll der Gnade, als bey Gott. Sein Fleisch war wie seine Seele. Es leuchtete durch dieses eine gewisse Heiterkeit hervor: und sowohl die Unschuld, als die Einfalt, und Menschenliebe sahen ihm aus den Augen heraus. Die innerliche Schönheit zeigte sich von aussen, und der Ueberfluß der himmlischen Gaben ergoß sich in alle Geberden. Ein so einnehmendes We-

---

* *In litteris Apostolicis ad Ecclesiam Gallicanam in causa Canonizationis.*

Wesen machete sich bey dem ersten Anblicke über die Herzen Meister, und zog ihm so viele Jünger zu, daß, was man sonst von niemanden liest, die Mütter ihre Kinder einsperreten, und die Frauen ihre Männer verbargen, daß sie nur mit demselben keinen Umgang hätten, und ihnen, wie es andern widerfahren, dadurch entrissen wurden.

Seine Predigten waren nicht wie die unsrigen: es war auch keiner unter allen Anwesenden, der dergleichen gehöret hätte. Man konnte denselben wegen dem erstaunlichen Zulaufe nie ohne Gefahr beywohnen. Auch in den Ländern, wo man seine Sprache nicht verstund, verstund man seine Gedanken, alles seufzete, weinete, und schlug auf die Brust: und die Leute kamen viele Stunden weit her, um wenigst nur durch die Stimme, und Stellung des Leibes gerühret zu werden. Wenn er von der Kanzel stieg, leereten die Reichen ihre Beutel aus, die Großen warfen den Purpur von sich, und schlofen in Bußsäcke, die jungen Frauenzimmer verlobten die Jungfrauschaft, die ärgsten Bösewichter warfen sich zu seinen Füßen, und ganze Schaaren der Büsser giengen von ihm weg, um die Klöster, und die Wildnissen zu bevölkern. Als das heilige Land in Gefahr stund, schickete man Gesandte, man verkündigte Ablässe, man predigte überall den Kreuzzug; aber vergeblich. Es tritt Bernardus auf: und da kamen solche Heere zusammen, daß Europa fast öde wurde, und der Papst, der Kaiser, der König in Frankreich, der Herzog in Bayern, nebst andern unzähligen Fürsten auszogen, auch keinen andern obersten Feldherrn, als eben diesen Ordensmann haben wollten. *

In seinen Schriften ist alles Geist, Weisheit, Anmuth, Salbung und Feuer. Sie sind bis diesen Tag durch die Hochschätzung aller Kenner gleichsam kanoniziert, und unter die kostbarsten Schätze der Kirche Jesu Christi gezählet worden. Wer von nichts Geistlichem mehr gerühret wird, findet noch an diesen Geschmack, und wird, ohne es zu merken, über alles Irdische erhoben. So gar ein Calvin schreibt, daß wenn Bernardus rede, glaube man die Wahrheit selbst aus seinem Munde reden zu hören. ** Luther bezeuget, gleichwie kein Mönch besser gelebet, so habe auch kein Mensch besser geschrieben, denn dieser, *** und in der Beredtsamkeit müssen

---

* Daß dieser Feldzug übel ausgeschlagen, war niemand minder Ursache, als Bernardus. Man lese hierüber nur die *Acta Sanctorum*, die wir schon oben angezogen, §. 40. *num.* 429.
** *Institutionum Libro IV.* cap. 7. §. 10
*** Apud Venerab. Petrum Canisium *Libro V. de Maria Deipera Virgine* cap. 28.

müssen ihm gar alle Kirchenväter weichen. *
Aber nein, alle Ausdrücke mögen den Werth
dieser Feder nicht erreichen: O Vergnügen für
die, die sie kennen! und wie strafen sich andere selbst, die, da sie immer lesen, doch niemals einen Bernardus in die Hand nehmen!

Bey den Wundern, die dieser Rüstzeug
des Herrn zur Heiligung der Menschen verwendet hat, finde ich weder Anfang, noch
End. Alle Schriftsteller desselben Alters lei-
sten Bürgschaft dafür. Auch seine Neider
haben sie niemals in Zweifel gezogen. Er hat
dieselben in den Augen der Großen dieser Welt,
vor den Bischöffen, und einer so unzähligen
Menge Volks gewirket, daß ihn einst der
Kaiser Konrad, damit er nicht zertreten oder
verdrücket würde, in seine Aerme hat einschlies-
sen müssen. Der sowohl wegen der Tugend
als Wissenschaft berühmte Kardinal Bellarmin,
der alle Leben der Heiligen gelesen hat, ver-
sichert uns, daß kein einziger aus ihnen so viele
Wunder gewirket habe, als der heilige Bernardus. ** Die gelehrten Bollandisten,
die ihr ganzes Leben mit Untersuchung der
rich-

---

* *In Colloquijs Convivalibus cap. de Patribus Ecclesiæ.*

** *Tomo II. Controversiarum Fidei Libro IV. cap. 14.*

richtigen Thaten der Heiligen zubringen, bekennen aufrichtig, weil die Wunder des heiligen Bernardus von Niemanden könnten gezählet werden, sehen sie sich gezwungen von der genauen Sammlung derselben gänzlich abzustehen. * Merlo Horstus, welcher mehr denn fünfzehn Jahre auf das Leben, und die Schriften des heiligen Bernardus verwendet hat, hält sich recht darüber auf, daß man den Namen Thaumaturgus, das ist der Wunderthäter, den man einigen andern Heiligen geschöpfet, nicht vielmehr diesem großen Abbte beylege; als welcher ihn wegen seinen unzahlbaren Wundern vor allen übrigen recht vorzüglich verdienet hätte. ** Selbst auf dem Grabsteine, von dem ich schon einmal geredet, lesen wir die Worte: Er ist in Wirkung der Mirakel nach den Aposteln der allerberühmteste gewesen. So gar nach dem Tode wirkete er noch immer so erstaunlich viele Wunder, daß Goswinus, der damalige Abbt von Clairvaux vor Menge der Presthaften, die aus allen Ländern herkamen, und die Zucht des Klosters störeten, zuletzt den Entschluß gefasset, sich zum Grabe zu verfügen, und seinem heiligen Vater

---

* In Actis Sanctorum ad diem XX. Augusti, in gloria posthuma. num. 65.
** Præfatione in Librum VI. vitæ, qui est de Miraculis annis 1147. patratis.

in Kraft des Gehorsames zu befehlen, daß er aufhöre wenigst an diesem Orte Wunder zu wirken; weil ja sonst seine Söhne weder eine Ruhe geniessen, noch die von ihm eingeführte Lebensregel länger fortsetzen könnten. Wie dann auch wirklich geschehen ist, und der Heilige durch ein neues Wunder auf einmal nachgelassen hat Wunder zu wirken.

Doch ich finde an seinem Wandel, und seinen seltenen Tugenden weit mehr zu bewundern, als an allen seinen Wunderwerken: und der heilige Abbt hätte die Worte, die er einst bey den Wunderwerken des heiligen Malachias gebrauchet, vielmehr für sich selbsten behalten sollen. Er schrieb von diesem: Unter den vielen, und großen Wundern ist das größte, das er gewirket, er selbst gewesen. Meo quidem judicio primum & maximum miraculum, quod fecit, ipse erat. *

Ja gewiß, meine Brüder, es verhält sich mit den Tugenden, wie mit den Schriften dieses Heiligen. Diese, wie ihr schon vernommen habet, da sie ohnehin, und für sich selbst Bewunderung verdienen, werden durch das

E 5   noch

---

* *In vita S. Malachiæ Episcopi cap.* 19. Und diese Anmerkung hat schon vor mir sein Lebensbeschreiber Gofridus *Libro III. vita cap.* 1. gemachet.

noch wundersamer, weil der Verfasser weder Studien, noch Lehrer, noch Musse, noch Ruhmbegierd hatte: und so kann man auch nie genug über seinen vollkommenen Wandel, und seine persönliche Heiligkeit erstaunen; weil sie immer neben lauter Gegensätzen nicht anstunden, und wie das Licht vom Schatten erhoben werden. Oder wie, mußten die Leute nicht mehr, denn selbst von den Wundern gerühret werden, da sie einen Menschen sahen, der mit der ersten Unschuld alle Strengheiten der alten Einsiedler verband: und, da er an seinem unversehrten Fleische nichts denn die Erbsünde zu züchtigen fand, dennoch mit demselben viel unbarmherziger umgieng, als die bekanntesten Büsser, welche den ehemaligen Werkzeug aller Bosheiten an ihren Gliedern zu zerstören hatten? Da sie einen Menschen sahen, der, obschon er die Welt auf das äusserste hassete, und ab allen ihren Sachen einen Eckel hatte, dennoch anstatt des finstern Wesens, das derley Leute annehmen, eine so ausserordentliche Munterkeit besaß, daß er nur mit seinem Anblicke alle Schwermuth, allen Ueberdruß vertrieb: und die Weltlichen, ja selbst die Könige, und der Papst, wenn sie ein wahres Vergnügen wollten kosten, ihn zu sich rufeten, oder in eigener Person zu ihm in seine Wildniß, nicht anders als in ein Paradies, hinunterstiegen? Da sie einen Menschen sahen, der alle Krankheiten mit sich herum

herumtrug, und vor Blödigkeit kaum auf
den Füssen stund, darneben aber so unermeß-
sene Arbeiten übernahm, denen auch viele Star-
ke zusammen genommen unterlegen wären? Da
sie einen Menschen sahen, der unter seinen Un-
tergebenen dreyssig adeliche Blutsfreunde, und
selbst fünf Brüder, eine Schwester, der Mutter Bruder, den Herrn Vater zählete, allein
von ihnen so abgeschälet war, das er nie die
geringste Spur einer natürlichen Neigung zu-
rück ließ, sich bey ihnen wie bey Fremden auf-
hielt, sie allein nach dem Geiste liebete, und,
als wenn er sie verkennet hätte, von nichts,
als ihrem Heile mit ihnen redete? Da sie
einen Menschen sahen, der vor Versammlung,
und Einsamkeit immer in Gott vertiefet, der
Sinne fast beraubet, und wie entzücket, aber
nichts destoweniger zum Wirken wie zum Betrachten aufgelegt war: der sich gleichsam zu
theilen wußte ohne zu trennen: der in Geschäfften so viele Uebung, Kenntniß, Erfah-
renheit zeigte, als wenn er an den Höfen gelebet, und in dem Lärmen der grösten Ge-
richtshöfe practiciret hätte? Da sie einen Menschen sahen, der, da er nur einem armen
Kloster vorstund, ohne öffentliches Amt, ohne alle Würde ein unumschränktes Ansehn
hatte: der Schiedrichter der Könige, der be-
vollmächtigte Gesandte der Päpste, die Seele
der Concilien, der rechte Arm der streitenden
Kirche war? Da sie einen Menschen sahen,

der

der eben, da man ihm Ehren anthat, die noch keinem in der Kirche wiederfahren, die Augen immer an seine Mängel heftete, sich zu allem untüchtig fand, der ab den ihm angetragenen Infeln zitterte, der bey sich noch mehr verachtet, als bey andern geschätzet war, und es so weit gebracht hatte, * daß ihn die ganze Welt nie so hoch erheben könnte, daß er nicht noch mehr sich selbsten zu erniedrigen wußte? Da sie einen Menschen sahen, der nichts mehr von andern Menschen hatte, der, wie sich Gerson ausdrücket, ein eingefleischter Seraph schien, an dem nicht nur das beständige Gebeth, die feurigen Reden, und die heissen Thränen, sondern auch die gemeinsten Verrichtungen die Liebe Jesu predigten: der auch eben deßwegen, als er einst vor ihm auf den Knien lag, seine Aerme von dem Kreuz abgelöset, ihn umhalset, und ans Kreuz gedrücket hat.

Das letzte Mittel, mit welchem Bernardus die Kirche geheiliget hat, war sein Orden.

---

* Non mediocris revera humilitatis infigne, nec oblata gloria oblivifci humilitatem. Non magnum eſt eſſe humilem in abjectione; magna prorſus & rara virtus humilitas honorata. *Humilia.* 4. *ſuper* Miſſus eſt. Ein herrliches Zeugniß, das sich der Heilige unbewußt selbsten gegeben hat.

den. Nicht zufrieden, daß er die Kartheuser, und die Norbertiner bey ihrem ersten Eifer erhalten hat, daß er die Cluniacenser, und andere reformiret, daß er die Tempelherren, und die Humiliaten * stiften geholfen, hat er noch einen besondern Körper von regulirten Geistlichen errichtet, auch noch bey Leben hundert, und sechzig Klöster derselben stehen gesehen. Das ist der Orden, der bey dem Zutrauen der Kirche, das er gleich anfangs erworben, bis auf diesen Tag sich überall erhalten hat. Das ist der Orden, in den sich gegen dreyssig theils Könige, und Königinnen, theils königliche Prinzen und Prinzessinnen begeben haben: der Orden, aus dessen Mittel sieben andere ruhmwürdigste Orden entstanden, ** und an den sich aus lauter Rücksicht auf den heiligen Stifter, so gar zwölf Ritterorden als Mitbrüder angeschlossen: der Orden, der die größten Geisterfahrne, Lehrer, und Schriftsteller aufweist: der so viel Bischöffe, Erzbischöffe, Patriarchen, Kardinäle, und

Päps

---

* Man lese über alle diese Punkte die Acta S. S. Tomo citato in verschiedenen Absätzen, wo sie jedes ins besondere abhandeln.
** Die Pulienser, die Guilielmiten oder die von Sempringham, die Grandimontenser, die Valliscaulenser, und Trappenser, ohne die Klosterfrauen.

Päpste geliefert hat, daß wenn ich die Summen ansetzete, ich mein Gedächtniß in Gefahr begäbe. Der Orden, der nur im ersten Jahrhunderte bis auf drey tausend, vierhundert, sieben und fünfzig Heilige gezeiget: und eben wegen ihrer Menge die General-Congregation auf den Entschluß gebracht, durch ein allgemeines Gesetz zu verbieten, daß sich keiner um die Selig-oder Heiligsprechung eines Mitbruders bewerbe: ja den Papst Gregorius den Neunten durch die demüthigste Vorstellung erbethen, er möchte doch nicht zugeben, daß wegen gar so vielen, die schon auf den Altären stünden, die Heiligkeit unter ihnen zu gemein würde: und eben darum um ihre Hochschätzung käme. Geliebte Zuhörer! diese Sache verdienet eine außerordentliche Achtung: sie ist unerhört, und darf von niemanden, der einer Ueberlegung fähig ist, übergangen werden. Alle andern Orden, und geistliche Gemeinden geben sich unsägliche Mühe, und verwenden die größten Unkosten, um nach Verlauf vieler Jahre wiederum einen neuen Heiligen aufzustellen; und der Orden der Cistercienser, der nur bedacht ist desto mehrere Mitglieder bey Leben zu heiligen, bemühet sich eben so stark seine Heilige vor unsern Augen verbergen zu können. Eine Probe, die den ganzen Satz dieses Predigtheils in sein volles Licht stellet: die schon allein zeiget, was Bernardus zur Heiligung der Christen beygetragen: und zu

wel-

welcher nichts als Erstaunung, und Glücks-
wünsche sowohl für den Orden, und Stifter,
als die gesammte katholische Kirche kann hin-
zugesetzet werden.

Nun auf diese Art ist etwas ausgerichtet.
Das sind die rechten Wege. So, und nicht
anders soll man heute zu Werke gehen. Denn
weil die Einigkeit aufgehoben, und die Wahrheit unterdrücket ist, müssen die Sitten noth-
wendig mehr denn jemals verdorben seyn.
Defecit sanctus. Es giebt keine Heilige mehr[h]
Oder wo ist mehr etwas von wahrer evange-
lischer Tugend? Wo ist der Grund des Glaubens, und der Heiligkeit, die Demuth näm-
lich, oder die Unterwürfigkeit des Herzens,
und des Verstandes? Wo ist die Abtödtung
Jesu Christi, die Bezähmung des Fleisches,
und der Leidenschaften? Wo ist die Groß-
muth in Leiden, und das Vergeben alles Un-
rechts? Wo ist die Unschuld, die Sittsam-
keit, das ehrbare Betragen, und der Wohl-
stand im öffentlichen Umgange? Wo ist der
Ernst für unser Heil, der Eifer für die Ehre
Gottes, der innerste Schmerz wegen dem Untergang so unzählig vieler Seelen? Wo ist
die alte Kinderzucht, die vollkommene Erge-
benheit in alle himmlische Anordnungen die
Erkenntniß, und die Liebe des Erlösers, der
Geist

---

[h] *Psalmo* XI. *versu* 1.

Geist des Gebethes, der Umgang, und die Vereinigung mit unserm einzigen, und höchsten Gut? Wir finden kaum mehr die Spuren dieser christlichen Kennzeichen. Eben so ist auch die alte Ehrbarkeit, und Redlichkeit fast allenthalben verdränget. Die Zucht, und die Strengheit unsrer Väter findet man nur noch auf dem Papier, und im Mund gewisser Heuchler, welche, je weniger sie andern gestatten, desto mehr sich selbst erlauben. Der Trieb zur Wohllust ist ganz erhitzet: der Hang nach Freyheit hat die tiefsten Wurzeln geschlagen: die Sittenlehre ist auf die Mode, und die Umstände eingeschränket: die Eingezogenheit, Unschuld, und die Schamhaftigkeit sind die Schwachheit jener Jahre, in denen man sich noch nicht zu finden, und seiner zu genießen weiß. Gesetze, Beyspiele, und Ermahnungen werden verachtet. Das Laster hat weder Schande, noch Strafen mehr zu fürchten. Es ist die allgemeine Klage, daß weder Treue in den Verträgen, noch Aufrichtigkeit in den Worten, noch Billigkeit in den Gesinnungen anzutreffen sey. Selbst die Höflichkeit, das Zutrauen, und die Freundschaft sind zu Fallstricken geworden. Der Eigennutz hat die Ehre, und Rechtschaffenheit verschlungen. Es ist alles lauter Verstellung. Man mißt itzt seine, und anderer ihre Fähigkeit nach der Anzahle derjenigen ab, die man hintergangen hat: und, wenn man sich nur eine kühne, und

ent-

entschlossene Mine kann angewöhnen, machet man sogar Anspruch darauf, überall für den ehrlichsten Mann, für einen Menschenfreund, für einen Patrioten zu passiren. Man weiß sich noch fürchterlich zu machen, und bringt es dahin, daß tugendhafte Leute sich von allen Zusammenkünften entfernen; oder wenn sie das nicht dörfen, immer mit einem gewissen erschrockenen Wesen dabey erscheinen. O Sitten unter Leuten, die das Evangelium mit der Milch einsogen, in den Armen der Religion erzogen, und vom warmen Eifer gebildet worden!

Wer wird sich nun gegen solche Sitten noch auflassen dörfen? Die Schmeicheley ist ja der herrschende Geschmack. Gewisse Laster sind privilegiert, und prangen mit öffentlichen Ehrentiteln. Zudem hat ein weichliches Leben eingerissen, das weder mehr mit der Unschuld, noch mit der Busse bestehen kann, das alle Stände anstecket, auch allen Ausschweifungen, allen Lastern Thür, und Thor aufreißt.

Die unterdessen, die sich für die Kirche erklären, und um die Sache des Herrn annehmen sollten, die ihre Pflicht dafür haben, auch niemals gedulden würden, wenn man ihnen nur einen Nagel breit von ihren Rechten, oder Einkünften nähme, die sind zu dem Verluste der Seelen wie unempfindlich. Sie sehen, und hören nimmer; ja sie verhindern noch andere, und machen die unbrauchbar, die es anstatt ihrer thun, und diese so schwere, als

strenge Schuldigkeit über sich nehmen wollten. Eine schreckliche Sache! Es fehlet immer mehr, es fehlet überall, die Religion wird verrathen, wir verlieren alles; und, da es zum äussersten gekommen, dörfen wir nicht einmal mehr sagen, wie es gekommen sey! Aber stille! sonst wird eben diese Rede ein neuer Zeug davon; wenigst darf ich noch von Glück reden, wenn man nicht ein Staatsverbrechen darinn findet, daß ich das Elend unsrer Zeiten gegen das Elend anderer halte, und den man möchte auferweckt wissen, der nach dem Wunsche seiner Zeitgenossen niemals hätte sterben sollen. Haec ipsa, quae dixi, periculosa sunt tam loquentibus, quam audientibus. Eben das, was ich gesagt, ist für jetz, die reden, und die zuhören gleich gefährlich: ut ne gemitus quidem liber sit; so daß nicht einmal das Seufzen mehr frey ist; volentibus, imo nec audentibus nobis flere, quae patimur; weil wir nimmer wollten, ja nicht einmal dörfen über Uebel weinen, die wir zu leiden haben. Es schrieb einst bey einer fast ähnlichen Gelegenheit der heilige Hieronymus.* Ich weis aber, ob er dazu so viel Ursache hatte, wie wir wirklich haben. Auch die Kirchkanzel, die letzte Freystätte der Wahrheit, ist von allen
Sei-

---

* *Epistola* II. *nunc* 123 *ad Ageruchiam.*

Seiten mit Beobachtern umgeben. Selbst die Freyheit der Presse ist so einseitig, als die Duldung: und die alten Censoren haben lange nicht so gerne verketzert, als die neuen der beleidigten Majestät anklagen. Da gehe man nun, und helfe, wo einer Erbauungsschrift nur dieses, weil sie von keinem Unterthan herkömmt, noch kann durchhelfen, daß sie nicht dem den Hals bricht, von welchem sie verfasset worden.

Beschluß.

Da ist nun der Mann zu seinen finstern Zeiten, wie wir itzt einen bey unsern aufgeklärten Zeiten vonnöthen hätten. Das ganze Gebäude der Kirche hat er vom Umsturz bewahret: In vita sua suffulsit domum, & in diebus suis corroboravit templum. Er hat bey Leben das Haus unterstützet, und in seinen Tagen den Tempel fest gemachet.

Aus allen seinen Thaten, die ich ohne Schmink, und so kurz mir möglich war, erzählet habe, zeiget sich ohne weitere Erinnerung schon von selbst, mit welchem Geist Bernardus beseelet gewesen: welche Begriffe und Gesinnungen er gehabt: welche Absichten er genommen: welche Mittel er gewählet: welche Wege er gegangen, und auch andere geführet hat. Nein, er war nicht derjenige, den uns neue Schriftsteller aus abgerissenen Stücken seiner Bücher vormalen wollen. Der Eigennutz, und die Begierd zu gefallen machten keinen

nen Eindruck auf seinen Verstand, und auf sein Herz. Er ehrete die Fürsten, aber noch mehr jenen, der sie zu Fürsten gemachet hat. Seine Lehre war nicht neu, und nicht verdächtig: auch viel strenger in der Ausübung, als in dem Munde. Anstatt den Projectanten, den Febronianer, den Staatist, den Glaubensverbesserer zu machen, that er alles, mit dem man sich heute den Namen eines Andächtigen, eines Contemplanten, eines Zeloten, eines Fanatikers, eines Unduldsamen, eines Verfolgers, vorderst aber den Namen eines Mönchs zuzieht; ja nicht nur eines Mönchs, sondern eines Anführers, Stifters und Vaters der Klosterleute. Er hatte gar viel von dem, was man uns als Vorurtheile, als Blödsinn, als Milzsucht, als Schwärmerey, als Aberglauben, als Gewissenszwang, als falsche Tugend, und wahres Laster angiebt. Anstatt dasselbe zu heben, verleitete er auch andere dazu. Wenn er denn auch noch so gut zum reformieren tauget, ist er doch keiner von den Reformatorn, die sich itzt als solche aufwerfen, die sich auf sein Ansehn so vieles zu gut thun, und die Gründe der Neuerung, ja selbst die lieblosen Ausbrüche der Schmähsucht auf seine Rechnung schreiben.

Doch wir wollen sie näher zusammenhalten. Wir werden bald finden, wie weit sie aus einander gehen. Bernardus schlug sich

alle-

allemal zur Partey der Oberhirten; diese zum Uebergewicht der weltlichen Macht. Bernardus vereinigte alle Stände; diese trennen alle. Bernardus führete Krieg, nur damit Friede würde; diese erregen mit ihren Friedensvorschlägen noch grössere Zwistigkeiten, als die sind, so sie beylegen wollen. Bernardus war demüthig, unterwürfig, voll des Mißtrauens auf sich selbst, und was er unternahm, geschah alles auf Gutheissen der Kirche; diesen scheint derley Behutsamkeit überflüssig; sie glauben sich an nichts anders, als an die Tiefe ihrer Einsichten halten zu dörfen. Bernardus machte alle zu Soldaten gegen die Feinde des Glaubens; diese entwaffnen auch jene, die schon lange zu Feld gelegen. Bernardus zeigte die Wahrheit in ihrer Blösse; diese sobald sie ihnen nicht tauget, decken, schminken, verdrehen sie, und sind nur beschäfftiget bald den Weltlichen, bald den Geistlichen die Augen auszubohren. Bernardus vergab alles Unrecht, wenn es nur mit keinen Beleidigungen Gottes verbunden war; diese sind zu den letztern ganz gelassen, wenn sie nur die ihrigen rächen dörfen. Bernardus glaubte, man soll des Irrthums wegen auch den Irrenden nicht trauen; diese suchen der Irrenden wegen auch die Irrthümer zu begünstigen. Bernardus duldete nur alsdann, wenn kein Schaden, und keine Gefahr zu besorgen war; diese dulden auch jene, welche selbst nicht dulden, und gestatten ihnen, was sie noch niemals genossen, oder allezeit mißbrauchet haben. Bernardus behielt den Brauch ohne den Mißbräuchen zu schonen; diese eifern nur wider die Mißbräuche, um auch den Brauch abzuschaffen. Bernardus so lang er konnte, verhüllete die Schande der Kirchendiener; diese entdecken, vergrössern, erneuern sie, und da sie selbst nicht einmal die Gebothe halten, werden sie vom Eifer für Disciplinsachen fast aufgezehret. Bernardus that auch vor den Grossen so frey, und unerschrocken, daß ihm eben dieses Vertrauen erwarb, und allen seinen Geschäfften Vorschub gab; diese kriechen um den Thron, sie lecken alle Speichel, vergöttern auch die Schwachheiten, sie fodern für die hohen Befehle mehr blinden Gehorsam, als wie für Glaubensartickel, und, nachdem sie so bis zum Eckel geschmeichelt haben, wollen sie noch Lobredner genennet werden. Bernardus wollte alle bessern, aber so, daß er überall vorangieng, nichts verlangte, was er nicht selbsten that, und mit eignem Beyspiel erleichterte; diese bleiben bey ihrer Theorie, sie führen die Reformation nur im Mund; anstatt der Werke und der Frucht bringen sie nichts denn Blätter und leere Worte. Bernardus stellete den Geist der alten Einsiedler wieder her; die Stille und Einsamkeit, die Strengheit, und Selbstverläugnung, die Einfalt und Demuth war, was er in Klöstern schätzte. Diese wollen nur gelehrte, politische, freye, geschäfftige Mönche, die

die sich mit in alles zeitliche mengen, und anstatt dem Herrn zu dienen, den Menschen gefallen. Bernardus empfahl allen die Versammlung des Gemüthes; diese denken immer auf Zerstreuungen. Bernardus rieth die Jungfrauschaft; diese reden nur vom Bevölkern, und, da jener nach dem Ausdrucke des heiligen Hieronymus das Paradeis anfüllet, wollen sie nur das Land, nur die Erde anfüllen. Bernardus zog unzählige aus der Welt ins Kloster; diese sprengen die Klausuren auf, und machen die, so schon im Kloster waren, in die Welt zurückkehren. Bernardus schärfte immer die Abtödtung ein; diese entladen sich alles Zwanges, und wollen weder mehr was ausstehen, das ihnen zuwider, noch von wem abstehen, daß ihnen gefällig ist. Bernardus trieb die Andacht bis aufs höchste; diese suchen dieselbe verdächtig zu machen, oder gänzlich zu ersticken. Kurz, Bernardus zog die Kirche dem Staate, das Geistliche dem Leiblichen vor, er sah vorderst auf das Heil der Seelen, er bildete Christen, und Heilige; diese sorgen für keine Zukunft, ihre Augen sind auf die Erde gerichtet, sie wollen nur Menschenfreunde, Bürger und Patrioten bilden.

Aus diesem Vergleiche folget handgreiflich, daß derley Herrn den heiligen Abbt nicht nur zu ihrem Vortheile, nicht nur alsdann sollen anführen, wenn er sich am römischen Hof, an Taxen, Dispensen, zerfallener Zucht, geistlichen Pfründen, Exemptionen, Andachten, Aberglauben reibt; sondern auch, und noch mehr, wenn er über die Laster, Mißbräuche, und Aergernisse aller Stände herfällt: und jedermann in der Stadt, und auf dem Land, in Gerichtsstuben, und Schulen, im Feld, und bey Hof zurechte weiset. Es folget, sage ich, daß, wenn es dennoch muß reformirt seyn, sie zu allererst bey sich, bey ihren Kindern, Hausgenossen, und Untergebnen den Anfang machen. Was können sie meiner Forderung entgegen stellen? Werden sie etwa läugnen, daß Bernardus da eben so gedacht, geredet, geschrieben hat? O so läugne ich ebenfalls alle gegen uns gerichtete Stellen. Ich sage, sie seyn verfälschet, sie seyn untergeschoben, sie halten keine Probe. Denn beydes ist aus eben der Quelle geschöpfet, beydes ist zum Theil in den Briefen, Predigten, und Abhandlungen des Heiligen: zum Theil aber in den Aussagen, Urkunden, Lebensbeschreibungen der Zeitgenossen, und Augenzeugen anzutreffen. *

Nein, ihr Herren, es bleibt nichts übrig, als daß ihr Bernardum auch zu eigener Besserung brauchet, oder in Zukunft mit dessen Aussprüchen zu Hause bleibt. Hört auf uns mit jenem die Ohren voll anzuschreyen, was ihr selbst

---

* Die ich aus eben der Ursache am Ende dieser Rede mit kritischer Genauigkeit ansetzen werde.

ſelbſt nicht hören wollet. Wir haben lieber Beyſpiele, denn Lehren. Ihr nehmet ſo den ſtärkſten Ausdrücken alle Kraft, ihr reiſſet mit einer Hand nieder, was ihr mit der andern aufgebauet; ihr werdet jenen zum Geſpötte, die ihr ſo hintergehen wollet; ja ihr ſchadet damit mehr, als ihr nützet: ihr machet die Leute von eurem Betragen auf die Mängel eurer Gründe ſchlieſſen: ihr beſchämet, und beſtreitet ſie; der Leſer denket, er ſey noch immer ehrlicher als ihr; weil er bey allen ſeinen Fehlern noch andern keine Vorwürfe machet. So iſt bey einem jeden aus euch dem Buchſtaben nach erfüllet, was der Apoſtel geſchrieben hat: *Mit eben jenem, mit dem du andere richteſt, verdammeſt du dich ſelbſt.* In quo judicas alterum, te ipſum condemnas *

Ich kehre mich nun zu euch, Hochanſehnliche! Da wir verſtanden haben, wie ein einziger Menſch, den der Himmel auserſehen hat, allen damaligen Uebeln abgeholfen, und die Kirche aus dem betrübteſten Stande in einen ſo blühenden verſetzet, als ſie vielleicht ſeit vielen Jahrhunderten nie geweſen, wollen wir, anſtatt bey der leeren Ruhme ſtehen zu bleiben, mit dem brünſtigſten Gebethe an den Herrn ſetzen, daß er uns auch wen gebe, der überall mit eben dem Nachdrucke für die Einigkeit, Wahrheit, und Heiligkeit ſeiner Kirche ſtehe. Einmal, ſie hat es jtzt nöthiger, als dort.

---

* *Ad Romanos cap. II. verſ. 1.*

O meine Brüder, bethet; anders ist nichts zu machen. Bethet, sage ich, daß uns Gott einen neuen Bernardus schicke, einen Erben seines Eifers, und seiner Tugenden; in welchem sein Geist, wie der Geist des Elias in dem Eliſäus, verdoppelt werde! Sonderbar ihr, o Söhne dieses grossen Vaters, die ihr in den alten Mauren noch den alten Geist des Ordens beybehaltet, bethet, so oft ihr an diesem Orte zusammen kommet! Machet euch insgesammt an den Herrn, und seine Mutter, sie sollen ja nimmer zugeben, daß die Einigkeit der Kirche so getäuschet, die Wahrheit so unterdrücket, die Heiligkeit so verlachet werde. Beschwöret sie durch ihre unbegreifliche Gütigkeit, durch den ganzen Werth unserer Erlösung, durch die letzte Liebe zu der Kirche. Saget ihnen, sie sollen sich eben durch dieses äusserste Elend erweichen lassen: und unsere Unwürdigkeit, die noch nie grösser war, soll die stärkste Bewegursache seyn, uns aufs baldeste zu Hilf zu kommen.

Aber leget auch selbsten Hand an, geistliche Herrn! wiedmet eure Tage, und eure Kräfte der Religion: helfet der betrübten Kirche ihre Thränen abtrocknen: unterstützet diejenigen, die noch Widerstand thun, und vor Baal keine Knie gebeugt haben. Gedenket immer, ihr seyd die Nachkommen der glorreichen Vorfahrer, von denen ein großer Bischoff des XII. Jahrhunderts gesprochen hat: Diese sind das

Heer-

Heerlager Gottes, welche immer in den Waffen sind, und gegen alle Feinde der Kirche in Bereitschaft stehen. * Machet eurem Stifter Ehre: machet ihn in euch wieberaufleben; ziehet unter seiner Anführung, die er euch in den Büchern, und Beyspielen hinterlassen hat, wider die Gottlosen aus: setzet seine herrlichen Unternehmungen fort: sprechet dadurch auch andern Muth ein: schliesset mit ihm eine kurze Zeit, und überwindet, damit ihr, wie derselbe, gekrönet, und von Gott und den Menschen ewig verherrlichet werdet. Amen.

A. Z. G. E. G.

---

* Petrus Carnotenſis, ante dictus Cellenſis Libro III. Epiſtola 12, & 58.

Verzeichniß

jener Quellen, aus welchen die Thatsachen, von welchen hier die Rede war, geschöpfet worden.

S. Bernardi *Opera omnia ex Jacobi Merloni-Horstii, ac Joannis Mabillonii recensione.*

Guilielmi, *Abbatis S. Theodorici prope Rhemos, postea monachi Sgniacensis, Vita S Bernardi.*

Dieses Leben, welches Guilielmus noch bey Lebzeiten des heiligen Bernardus geschrieben, heißt man sonst *Librum I. Vitæ S. Bernardi*

Ernaldi, sive Arnoldi, *Abbatis Bonæ Vallis in agro Carnotensi, Vita S. Bernardi.*

Dieses Leben, welches gleich nach dem Ableiben des heiligen Abbts geschrieben worden, wird *Liber II. Vitæ S. Bernardi* genennet

Gaufridi, sive Goffridi, *Abbatis Claravallensis Vita S. Bernardi.*

Dieses Leben, weil es aus drey Büchern bestebt, nennet man *Librum III. IV. & V. Vitæ S. Bernardi.*

Es wurde zwey Jahre nach dem Tode Bernards geschrieben.

Diese drey Geschichtschreiber haben ein besonderes Ansehn, nicht nur wegen der schönen, und vernünftigen Schreibart, sondern auch allen andern Ursachen, die eine Erzählung glaubwürdig machen. Der berühmte Mabillon saget in *Admonitione ad Libros de vita, & gestis S. Bernardi:* Es ist kaum ein anderer Heiliger, der so viele Verkündiger seiner Thaten, und so vortreffliche, auch so glaubwürdige Lebensbeschreiber gehabt hätte, wie der selige Bernardus; dessen Wandel, und herrliche Handlungen drey berühmte rühmteste Authoren in einer ordentlichen Fortsetzung, als wenn sie es mit einander verabredet hätten, verfasset ꝛc. ꝛc. ꝛc. Alle lauter Augenzeugen.

Libri duo miraculorum S. Bernardi.

Welche wieder lauter theils Augenzeugen, theils Zeitgenossen zu Verfassern haben. Diese zwey Bücher haben sonst auch den Namen *Liber VI. Vitæ S. Bernardi.*

Alani, *ex Abbate Aripatorii, Episcopi Antisiodorensis Vita S. Bernardi.*

Dieser hat die drey ersten Leben in eine bessere Ordnung gebracht, und ist in den Erzählungen so ziemlich der Zeit gefolget; die jene gänzlich ausser Acht gelassen. Er schrieb etwa siebenzehn Jahre nach dem Hintritt des Heiligen.

Excerpta oder *Fragmenta Gaufridi,* die Petrus Franciscus Chifletius, ein französischer Jesuit, im Jahre 1679. zu Paris herausgegeben.

Eben dieses *Gaufridi Sermo de S. Bernardo.* Er steht am Ende des *Tomi V. Operum S. Bernardi.*

Exordium magnum Ordinis Cisterciensis.

Ein sehr geschätztes, und actenmäßiges Werk, in welchem die besten und genauesten Urkunden anzutreffen. Man liest es am besten in der neuen Auflage der *Bibliotheca Patrum Cisterciensium,* welche *Bernardus Tissier* mit vielen Zusätzen herausgegeben.

Herberti, *Monachi Claravallensis, post Archiepiscopi Turritani in Sardinia de Miraculis Cisterciensium.*

Er hat geschrieben etwa 26. Jahre nach dem Hintritt des Seligen.

Joannis Eremitæ *Vita S. Bernardi.*

Er schrieb etwa dreyßig Jahre nach dem Tode Bernards.

Zu diesen Aeltern kommen noch jene, die alles nach den Regeln der Kritik geprüfet haben, als

Angelus Manrique, *Ordinis Cistercien/is, postea Episcopus Pacensis, in Annalibus Ordinis Cistercien/is.*

Theophilus Raynaudus *Societatis Jesu in Hagiologio Exotico*, opusculo, quod inscribit *Apim Gallicam.*

Jacobus Merlonus Horstius, & Joannes Mabillonius in *Praefationibus, Prolegomenis, Animadver/ionibus, Notisque ad opera S. Bernardi.*

Joannes Pinius *Societatis Jesu in Actis Sanctorum Antwerpien/ibus,* sive Bollandianis ad diem vigesimam Augusti.

Joannes Siandu in *Commentariis Criticis, Moralibus, Politicis in S. Bernardi de consideratione Libros.*

Anhang
von
Zween Briefen.

Der I. Brief eines Freunds aus Vorder-Oester-
reich, an den Verfasser. Vom 5. Jenner
1782.

Freund! ich weis bald nimmer, wie sie
mir vorkommen. Sie sind gegen die Welt
wie unversöhnlich: und je mehr sie von ihr
gelesen werden, desto mehr mißbrauchen sie
ihre Geduld. Haben sie dann den heiligen
Bernard nicht anders als auf unsere Unkosten
erheben können? Mich dünkt noch gar, sie
loben den Heiligen nur darum, um auf uns
recht tapfer schimpfen zu können. Das soll
ihnen aber nicht immer so hingehen; wenigst
bey uns, die wir gar nicht aufgelegt sind,
Wahrheiten von diesem Gepränge in die Länge auszuhalten.

Und einen Bernard für uns! Hätten sie
wen immer zu einem Reformator gewählet;
nur diesen nicht. Sie haben ja die Ungereimt-
heit selbst gemerket. Ja eben Bernard ists,
welcher den Klostergeist bis aufs höchste getrieben, die schönsten Mädchen in vier Mauern
ge-

gesperret, und den Cölibat zum fünften Element gemachet hat. Da lesen sie nur.....
In diesen zwoen Schriften, welche in Wien gedruckt seyn sollen, wird der ehelose Stand als eine Verletzung des Naturrechts betrachtet: und selbst in den Ehen der bürgerliche Kontrakt so vom Sacrament getrennet; daß jene, die dieses eben nicht nöthig finden, auf alle Abwechslung ihrer Triebe gefasset sind. Je nun, mein lieber Bruder Bernard! der du auf den ersten nächtlichen Besuch eines Frauenzimmers Mörder! Mörder! schriest, und vom Ehestand so altfränkisch dachtest, als wenn man einander aus lauter Haß heurathete. Und was soll ich erst vom grössten Staatsbock sagen, den ein Abbt itzt schiessen kann? In allen Briefen, welche du an die Grossen schriebest, hast du das Vorurtheil deines dummen Weltalters vorausgesetzet, daß die Unterthanen nicht wegen dem Fürsten, sondern der Fürst wegen den Unterthanen sey. Je nun lesen sie diese Stücke. Ich habe um ihnen die Mühe zu sparen die Stellen mit Bleystift gezeichnet. Aber eben darum erwarte ich ihre Gesinnungen darüber; der ich mit grösster Hochachtung die Ehre habe für immer zu bleiben.

Ihr P. Z.

Der II. Brief, oder die Antwort des Verfassers auf den vorigen Brief. Vom 9. Jenner 1782.

Theuerster!

Wie oft muß ich ihnen noch sagen, daß sie über die ernsthaften Sachen nur zu lachen wissen?

Was die Abwürdigung des Cölibats, diesen Gründartikel der neuen Reformation, betrifft, muß ich selbst mitlachen.

Oder ist das so untheologisch gedacht? Es läuft doch zuletzt alles auf einen Ersatz hinaus. Da man eben recht wirksam beflissen ist, uns mancher Gebothe, die uns drückten, zu überheben, fodert ja alle Strenge, und Reinigkeit der heutigen Moral, daß man diesen Abtrag von einer andern Seite hereinzubringen, und zu vergüten suche. * Ich mehne das,
zwar

---

* Nicht anders, als wie man von einem kleinen demokratischen Staate erzählet, wo einige den Vorschlag thaten, daß man bey allgemeiner zusammenkunft das sechste Geboth durch die Mehrheit der Stimmen abwürdigen, und statt dessen alle Jahre zweymale processionaliter eine Wallfahrt nach Einsiedeln anstellen sollte. Wäre doch dises Project zu Stande gekommen! Ich möchte nur den langen Zug dieser Processionen gesehen haben. Es wären wenige davon ausge-

zwar erste, und gröste, aber dennoch nicht so beschwerliche Geboth der Bevölkerung. Dieses ertheilte der Schöpfer im Buche Genesis 1. Kapitel 27. und 28. Vers. wo wir lesen: Masculum, & fœminam creavit eos. Benedixitque illis Deus, & ait: Crescite, & multiplicamini: & replete terram. Er hat sie Mann und Weib gemachet. Und er hat sie gesegnet, und gesagt: Wachset und vermehret euch, und füllet die Erde an, Durch diesen so deutlichen, so gemessenen, und unentbehrlichen Befehl ist der ehelose Stand schon vor der Frucht des unseligen Baums, da Adam noch nicht in seinen grünen Hosen herumlief, untersaget gewesen.

Sie sehen doch, mein Freund! wie man die Aussprüche der Bibel besser zu beherzigen anfängt! wie man durch die heitern Begriffe einer wahren Weltweisheit ein gewisses Licht über uns verbreitet, das unsere Väter nie er-
blie-

geblieben. Auch jene, die der Wallfahrten nur spotten, wären alle erschienen; manche, die sonst im Jahre keine Stunde weit zu Fuß gehen, ja selbst die Podagristen wären ihnen baarfuß nachgelaufen Was will ich erst von der Anzahl der Fremden, und Nachbarn sagen, die sich haufenweis zu ihnen geschlagen hätten? Kurz, das wären die volkreichesten aus allen den Zusammengängen gewesen, so die Welt vom Ursprung derselben bis an unsre Tage gesehen hat.

blicket haben! wie man illud jus, quod natura omnia animalia docuit, auch den dümmsten Leuten, und selbst den Klosterfrauen weiß begreiflich zu machen.

Wahr ist es, es scheint, wir hätten in keiner Sache weniger Gebothe nöthig, als in dieser. Es wird ihr von selbst so ziemlich nachgelebet: und wir hoffen es noch da im Gehorsam allen unsern Vorfahren bevor zu thun. Auch die Thiere giengen uns immer recht getreulich voran. Nur die Fische, denen doch das Geboth besonder, und viel früher, als den Menschen gegeben worden *, sind etwa im XIII. Jahrhunderte bey dem vielen dort eingeführten Fasten zurückgeblieben. Man schickte ihnen einen Missionär! und der heilige Antonius von Padua, denn dieser hat ihnen geprediget, war viel zu klug, als daß er bey dieser Sendung ein anderes Thema gewählet hätte, als die einzigen Worte, die Gott vom Anbeginn der Welt zum schuppichten Volk geredet hat. Nun, bey wieder eingeschränktem Fasten müssen sie sich merklich gebessert haben. Fraget nur die Holländer, ob

ein

---

* *Genesis cap. 1. vers.* 22. Die Formalien dieses Befehls sind jenen, so Gott zum Menschen sprach, so ähnlich, daß mich wohl hundertmale Wunder genommen, warum doch aus so vielen denkenden Materialisten noch keiner die Gleichheit aller Seelen daraus geschlossen hat.

ein Häring mehr die Keuschheit verlobe: oder wenn ein Stockfisch eine Klosterfrau geworden? Dem aber sey wie ihm will, man muß doch einmal die Kirche überzeugen, daß sie bisher nicht einmal das erste Kapitel in der Schrift verstanden: daß sie nicht nur das älteste, und größte Geboth, von dem alles abhängt, nie gehalten, sondern gar fein Gegentheil gelehret: ja, von der lockern Moral hingerissen, im Kirchenrathe zu Trient aufs neue in diesem Naturrecht dispensieret, und, was ein gemessener Befehl war, lieber für einen ertheilten Segen aufgenommen. Wie viele Wahrheiten fangen an sich zu entwickeln: und was wichtige neue Bibelerklärungen werden an die Stelle der vorigen treten, wenn wir nur so viel Geduld haben, noch etwa fünfzehn Jahre bey Leben zu bleiben. Man muß hier die polemische Historie des heiligen Cölibats von einem tollen Zacharia, oder des ketzerischen Stattlers Dissertationem Theologicam de Bono conjugali, & Sanctitate Coelibatus in Ecclesia Christi nachlesen. Da wird sich weisen, wie erbärmlich die Kirche (die einige noch immer für untrüglich halten) sich dießfalls in alten, und mittlern Zeiten vergangen hat.

Viel biblischer hat hier der göttliche Plato geurtheilet. Er war von der Existenz eines solchen natürlichen Gebothes so überzeuget, daß er sagte, die Zeugung der Kinder sey

nicht

nicht nur dem Gottesdienst nicht hinderlich; sondern er würde ohne sie gänzlich zerfallen. Er hat auch den Obrigkeiten einen Plan vorgeleget: (der sich heute noch besser befolgen ließ) daß ehelose Leute an die Landeskasse jährlich so viel sollen abgeben, als zum Unterhalte dürftiger Eheleute erfodert würde; damit sich also das Publikum an dem unsäglichen, durch die Keuschheit erlittenen, Schaden noch erholen möchte. * Talis cum sis, utinam noster esses! O daß doch der Mann ein Christ, und nicht ein Heid gewesen wäre! Doch so beschämet er uns noch mehr; uns sage ich, bey denen nicht die Ehelosen die Eheleute, sondern die Eheleute die Ehelosen ernähren: und man, ich weis nicht, soll' ich sagen den Mönchen, und Nonnen ihre Keuschheit bezahlen, oder vielmehr seine Lust von ihnen erkaufen muß. **

---

* Wir ziehen das aus seinem Buche *de Legibus* bey Clemens Alexandrinus *Libro III. Stromatum*.

** Wie deutlich erkläret da Plato die Ehelosen für unnütz! Und sage man mir nicht, es gebe auch unzählige ehelose Soldaten, Komödianten, Musikanten, Kutscher, Kammermenscher, Friseurs &c. &c. &c. und abermal &c. &c. &c. Ich will nicht läugnen, ihr Beruf sey eben so unnütz, als jener der Klosterleute. Doch helfen sie auch ausser der Ehr

Der Kirchenvater Jovinianus wollte hierin schon im IV. Jahrhunderte aus eben dem Grunde des göttlichen Dienstes der Welt die Augen aufthun. Sein Grundsatz lief beyläufig dahinaus: Quid enim nisi semen requirit Deus? Allein Hieronymus, der nur vom Fasten, Jungfrauschaft, und Wittwenstand wußte, machte ihn zum Ketzer, und Epikurder. Der ehrliche Mann konnte mit allen seinen Wahrheiten nicht aufkommen.

Was sie von Trennung des Kontraktes vom Sacrament der Ehe berichten, habe ich auch nicht umgehen wollen. Es wird wohl Leute geben, die dumm genug sind die schrecklichsten Folgen aus dieser Lehre herzuleiten, und sie für eine bey Katholischen noch nie gehörte Ketzerey auszurufen. Aber mir ist sie nicht unerwartet. Bey den Heiden wars ja eben so. Sieh Vorbothen des neuen Heidenthumes. Das allein verdrießt mich bey der Sache, daß man mich mit Gewalt noch zum Propheten machet; ein Handwerk, daß heute ausser Mode ist; und mit welchem sich der ehrlichste Mann, wenigst in Europa, nur gar kümmerlich durchbringen würde.

Was

Ehe ungleich mehr zur Population: sie liefern die wackersten Kinder: und so zieht der Staat noch allemal den beträchtlichsten Vortheil von ihnen.

Was sie von dem heiligen Bernard, als einem Reformator, anmerken, hat allen meinen Beyfall. Ich sah daraus die Nothwendigkeit, meiner Rede einen Vorbericht voranzuschicken; den sie aber, um den Verleger nicht aufzuhalten, erst gedruckt bekommen werden. Ich äussere darinn mein Verlangen, daß man hinfüran den heiligen Bernard nicht nur auf der einten, sondern auch auf der andern Kolumma lesen möchte.

Bis dahin hatte ich gestern geschrieben; als mich die Nachtwache zu Bette rief: und da die löbliche Gewohnheit noch nicht abgekommen, daß einem die Gedanken wieder im Schlaf aufstossen, die man wachend verlassen hat, ward ich in die Gegend versetzet, welche die Alten die Elysischen Felder hiessen. Ich hatte mich kaum recht umgesehen, so hieß es, es sey ein Wiener ausgestiegen. Es nahm mich Wunder, daß, wo man sich immer meiner kaum in Acht nahm, wegen seiner alles in Bewegung gerathen. Man drang sich dicht ans Ufer, und jedermann hoffte was Neues zu vernehmen. Er wollte mit der Sprache nicht heraus, ungeachtet ihm jedermann sagte, disseits des Baches sey alles zollfrey. Umsonst; er that nicht anders, als wäre er dem Ketzergericht entrunnen, und hätte hundert Eide des Stillschweigens auf der Zunge. Man fieng dann ohne weiters an ihn zu durchsuchen, und fand in seiner Tasche die gleiche

E 4   Schrift,

Schrift, die sie mir geschicket haben. Mahomet, welchen der Vorwitz auch herbeygezogen, bestellte einen Dolmetscher, und winkte den Schatten, die voriges Jahr aus Wien hier angelanget. Keine wollte glauben, daß dieß Buch auf Oesterreichs Boden gewachsen. Was, riefen sie, die Büchercensur, die dieses bischöffliche Amt gegen die besten Bücher mit solcher Strengheit ausübet, soll das nicht verbothen haben? In den Augen eines Monarchen, der schon fünfzehn Jahre ehelos lebt, soll einer schreiben: Wer Tauglichkeit, und Vermögen habe, und dennoch nicht heurathe, der schade dem Vaterlande, und handle wider die Pflichten der Natur?

Während diesem Streite gieng Mahomet beyseits, und schrieb in größter Eile einen Brief. Niemand konnte dessen Inhalt errathen; bis endlich ein Franzos, sein Vertrauter, den ich eben nicht muß nennen, der aber recht praktisch von der Lust geschrieben, und das ganze Zeugungsgeschäfft am deutlichsten aus einander gesetzet, es uns geschwatzet hat. „Der Pro-
„phet, sprach er, thut dem Sultan eine
„Abbitte: und bekennet den Fehler, daß er
„den Musulmännern mehrere Weiber zu-
„gleich gestattet habe. Freylich hätte er da-
„durch gesuchet unter lauter Vergnügen viel
„Soldaten gegen die Christen aufzustellen.
„Allein diese verstünden itzt in ihren kalten
„Him-

„ Himmelsstrichen das wahre System der
„ Population viel besser. Sie seyn endlich
„ hinters Geheimniß gekommen. Wie man
„ ohne den Aufwand für 5 — 6. Frauen,
„ diese beyden Absichten erreichen könne. Die
„ Ehe werde bey ihnen ein blosser Kontrakt;
„ wo alles, und vorderst die Dauer, lediglich
„ auf die beyderseits gesetzten Bedingungen
„ ankomme. Man könne auf jedes Jahr,
„ wie einen neuen Kalender, also eine neue
„ Frau, einen neuen Mann nach Hause brin-
„ gen. Er, der Sultan, soll dann nicht
„ säumen in allen seinen Staaten die gleiche
„ Verfügung zu treffen; sonst werde er we-
„ gen immer größerm Zuwuchs der Kriegs-
„ heere von drey Mächten aus ganz Europa
„ gejaget, wo nicht gar ins innere Asien ver-
„ wiesen werden.

Man ward ernsthaft. Die wienerische
Schatte sprach: Wann Joseph das alles befolgen sollte, was itzt projektiret wird, müßte
er hundert Jahre alt werden. Das sind
Wünsche gewisser Leute, die schon sonst viel
Uebels gestiftet haben: und unter dem Vorwand andere zu bessern nicht nur schlimmer,
sondern auch dreister, und vermögener werden.
Der Kardinal Passionei, denn dieser war
auch herbeygelaufen, sagte mit rascher Stimme: Und warum nennt man uns die
nicht mit Namen? Das sind die ge-
westen Jesuiten. Ich muß schon lange

hören, der Exjesuitismus sey noch ärger als der Jesuitismus. Seine Majestät sollte, anstatt der Mönche diese aufheben: und alle ohne Ausnahm in Korsika bringen lassen. Nein Herr, sprach ein gewisser Exminister: Esset error novissimus pejor priore. Da würden sie neue Händel erregen, Kolonien stiften, und selbst dem Papste wieder Luft machen. Der Wiener. „Diejenigen, von „welchen ich rede, waren niemals Jesuiten. „Vielmehr lassen sie nichts ermangeln, um „jedermann zu überweisen, daß sie diese im „Gegentheil aus ganzem Herzen hassen. Nur „Geduld; man wird sie schon noch kennen „lernen. Sie gehen immer deutlicher mit „der Sprache heraus. Sie machen wirk„lich aus Glaubenssachen lauter Schulstrei„te. Schulstreite aber sind durch ihre Ver„mittelung bey uns verbothen, und gänzlich „eingestellet.„ Auf dieses sprach ich etwas, das ich nimmer weis; aus dem er aber abnahm ich müsse auch erst heute in diesen Feldern angelangt seyn. Er nahm mich dann zur Seite, und wollte meinen Namen wissen. Ich?... ich bin ein zu Wien verbothener Author. N... Er gab zur Antwort: Dennoch liest man sie. Allein es stehen nur zwey ihrer kleinern Erbauungsschriften im Verzeichniß. Ich. Ich weis diesen Herren im Namen des Ver-

le-

letzers recht vielen Dank. Möchte doch die Wohlthat sich auf alle übrige Werke erstrecken! Nun gaben sich noch andere Reden, die mir nicht nur für seine Achtung, sondern auch für sein Zutrauen Bürge sind. Wir gewannen einander lieb; er sagte sogar: Von ihnen muß ich noch viel vernehmen. Aber vor allem müssen sie sich über den Satz erklären. Der Staat ist nicht in der Kirche: sondern die Kirche in dem Staate. Ich habe einen Civildienst bekleidet; ich habe den Riegger, den Eybel gehöret, den Bartel, den Febronius gelesen, und dennoch die wahren Gränzen beyder Mächte nie genug unterscheiden können.

„Der Satz, gab ich zur Antwort, ist
„wahr, oder falsch, nachdem sie ihn neh-
„men. Verfänglich aber bleibt er dennoch.
„Man hat ihn mit Fleiß so gesetzet. Mein
„Urtheil in der ganzen Sache ist dieß: Der
„katholische Staat ist unläugbar in der ka-
„tholischen Kirche in geistlichen Sachen; und
„die katholische Kirche ist unläugbar in dem
„katholischen Staate in zeitlichen Sachen.
„Sie sind beyde beysammen, und ein jedes
„in dem andern, ohne das jenes diesem,
„oder dieses jenem in sein Fach eingreife;
„oder dort, wo es unter demselbigen ist,
„oder demselbigen zu seyn sich anmasse. Es
„fehlet immer nur da, daß man einander
„nie

„ nle versteht: und wie einst den dummen
„ Zeiten, wo die Geistlichen das Uebergewicht
„ hatten, diese gar zu viel foderten, so scheint itzt
„ nach der Aufklärung, wo die Weltlichen
„ das Uebergewicht erhalten, daß man ihnen
„ im Gegentheil gar zu wenig, oder nichts mehr
„ nachlassen wolle. Man muß beyderseits zusam-
„ mentreten. Man muß, wie bey allen Gränze-
„ scheidungen, erfahrne, friedfertige, gerechte
„ Commissarien beordern, welche entweder Voll-
„ macht darüber abzusprechen oder doch den Auf-
„ trag haben, ihr Gutachten mit größter Freyheit
„ einzuschicken. So ließ sich noch helfen; anders
„ nicht." Weil ich dieses etwas lauter ausge-
sprochen, erwachte ich darüber. Mein Traum
hatte ein End: und mit dem Traume höret
auch mein Schreiben auf. Ich bin rc. rc.

Nachschreiben.

Sie haben mich schon öfter gebethen, daß,
wenn mir etwas, welches auf unsere Zeiten passet, im Lesen aufstiesse, ich ihnen im
nächsten Brief nur mit einer Citation die An-
zeige davon gebe. Gestern fand ich etwas, das
ich mir die Mühe nehme nicht nur zu citiren,
sondern ganz herzuschreiben. Es ist eine Stelle
aus dem Johannes Moschus, oder Evira-
tus, welcher, wie sie wohl wissen, Ends
des VI. und Anfangs des VII. Jahrhunderts in Paldstina, Aegypten, Syrien gelebet, und die Geschichten der alten Mönche ge-

gesammelt hat. Er schreibt in seinem *Viridario*, oder *Prato spirituali* an dem 126. Kapitel von Orentus, einem Einsiedler vom Berg Sina, wo viele Klöster waren, diese so lustige, als kurze Begebenheit.

„Er gieng einst an einem Sonntag mit
„umgekehrter Kutte in die Hauptkirche die-
„ser Gegend. Als er aber in seinem Auf-
„zug fast verkennet war, und alle Augen
„auf ihn gerichtet wurden, kamen einige
„von den Verwaltern des Ortes; die ihm
„sagten, daß er so eine schlechte Figur ma-
„che, auch allen Fremden Ursache zum Ge-
„lächter, und Aergerniß gebe. Allein der
„Alte hatte eine Antwort in Bereitschaft,
„die ihnen, wenn sie die hätten vorsehen
„können, alle Lust zum Fragen benommen
„hätte. Er sprach: Ihr andere habet hier
„gar alles umgekehrt: und Niemand ge-
„trauet sichs zu sagen. Da aber ich mei-
„nen Sack umgekehrt, ist überall Lärmen.
„Geht! kehret zuvor selbst was nicht hin-
„aus gehöret wieder hinein: und was nicht
„hinein gehöret wieder hinaus; so werde
„ich keinen Anstand finden, wieder wie ehe-
„mals in die Kutte zu schliefen."

Sie, denn sie sind auch ein Beamter, und haben ohne Zweifel schon viele Projekte theils gemachet, theils befolget, werden die Güte haben die Anwendung ohne meine Zusätze von selbsten zu machen. Leben sie wohl.